I0810466

Muchas voces les dicen a las mujeres que miren dentro de sí mismas para encontrar su propósito y destino. Pero no Sarah Rice. Me encanta eso de ella y de este libro. Lleva a las mujeres a la única fuente confiable de identidad, propósito y significado: las Escrituras. Con el conocimiento y la sabiduría extraídas del libro de Efesios, Sarah habla de asuntos que toda mujer tiene que resolver y a los cuales debe dar sentido: el empoderamiento, la pertenencia, el propósito, la identidad y el conflicto.

NANCY GUTHRIE

Maestra de Biblia y autora de *Estoy orando por ti: 40 días orando por alguien en medio del sufrimiento, El Rey verdadero, Veo a Jesús, Santos y sinvergüenzas en la historia de Jesús, Escuchando a Jesús en medio de tu dolor, Dios hace sus mejores obras en lo vacío, Aferrándose a la esperanza, Devocional en un año: Oraciones bíblicas por nuestros hijos, Bendición: Experimenta la promesa del libro de Apocalipsis, Mejor que el Edén: Nueve formas en que la historia bíblica cambia todo sobre tu propia historia* y *Cuando pierdes a un ser querido: En la búsqueda de la esperanza*

Sarah traza una hermosa teología de la feminidad, una teología correctamente anclada en la unión con Cristo. Me desafió una y otra vez con su estilo claro y legible recordándome particularmente que el yo ya no es el proyecto central de mi vida. Sarah no es una novata respecto a las mentiras de este mundo, sino que es una teóloga robusta que disuelve estas mentiras poderosamente con Cristo y la luz de su evangelio.

NATALIE BRAND

Maestra de la Biblia y autora de *Priscilla, where are you?* (Priscila, ¿dónde estás?)

Si estás confundida acerca de si el empoderamiento femenino es algo bueno o te preguntas si alguna vez serás lo suficientemente buena o de verdad te sentirás amada, lee este libro. Después de refutar las mentiras desprovistas de evangelio, como: básicamente soy buena o tengo que encontrar mi ser único, Sarah nos muestra cómo se responden nuestras preguntas más profundas y se resuelven los problemas cuando nos reunimos con Jesucristo, aquel que hace nuevas todas las cosas. Con una clara aplicación del evangelio a varios aspectos de la feminidad, como el trabajo, el cuerpo físico, la amistad, el matrimonio y más, Sarah nos ofrece la verdadera libertad y la verdadera base de nuestro valor.

SHANNON POPKIN
Presentadora del pódcast bíblico *Live Like It's True* y autora de *¡No te compares!: Aprende a vivir libre de la tiranía del yo y del mundo obsesionado con la competencia*, *¡No seas una mujer controladora!: Siete mujeres de la biblia te enseñan a rendir el control a Dios* y *¡No te compares...! para chicas: Cómo sobrevivir en un mundo obsesionado con las comparaciones*

La feminidad moldeada por el evangelio

La feminidad moldeada por el evangelio

Despojarte de ti misma y encontrar tu identidad en Cristo lo cambia todo

SARAH RICE

Tyndale House Publishers
Carol Stream, Illinois, EE. UU.

Visita Tyndale en Internet: TyndaleEspañol.com y BibliaNTV.com.

La feminidad moldeada por el evangelio: Despojarte de ti misma y encontrar tu identidad en Cristo lo cambia todo

Originalmente publicado en inglés en el 2024 como *Gospel-Shaped Womanhood: How Losing Yourself & Finding Your Identity in Christ Changes Everything* por 10Publishing, una división de 10ofThose.com, con ISBN 978-1-9149-6688-0.

Diseño: Alberto C. Navata Jr.

Traducción al español: Marcelo Rubén Valdez para AdrianaPowellTraducciones

Edición en español: Ayelén Horwitz para AdrianaPowellTraducciones

Para información acerca de descuentos especiales para compras al por mayor, por favor contacte a Tyndale House Publishers a través de espanol@tyndale.com.

ISBN 979-8-4005-1054-0

Impreso en Estados Unidos de América
Printed in the United States of America

32 31 30 29 28 27 26
7 6 5 4 3 2 1

Para mamá

La mujer mayor de «Tito 2» en mi vida, quien primero me enseñó a encontrar mi identidad en Cristo, una mujer moldeada por el evangelio de principio a fin.

Con amor y gratitud, te dedico este libro.

Contenido

Introducción	Dado, no hecho	*xi*
Primera parte	**Identidad moldeada por el evangelio**	
Capítulo 1	La única buena noticia *Qué es el evangelio y qué no es*	*3*
Capítulo 2	Toda bendición espiritual *Beneficios de la identidad del evangelio*	*17*
Capítulo 3	El verdadero empoderamiento femenino *El Espíritu Santo que mora en nosotras*	*35*
Capítulo 4	Parte de la familia *Pertenecer a Cristo y a los demás*	*51*
Capítulo 5	Caminar como es digno *Cómo la identidad en Cristo impulsa la actividad para Cristo*	*67*
Segunda parte	**Actividad moldeada por el evangelio**	
Capítulo 6	Mujeres que trabajan *Nutriendo la vida para la gloria de Dios*	*87*
Capítulo 7	Amistad auténtica *Soportándonos las unas a las otras con amor*	*103*

Capítulo 8	Templos, no ídolos *Glorificando a Dios con nuestro cuerpo*	*121*
Capítulo 9	Sexualidad y matrimonio *Una imagen, no un final*	*139*
Capítulo 10	Mujeres de guerra *Cambiando el mundo en el poder del Señor*	*159*
	Agradecimientos	*179*
	Notas	*183*

Introducción

Dado, no hecho

VIVIMOS EN UNA ÉPOCA en la que las mujeres tienen tanto la libertad como la presión de forjar una identidad personal. Las voces dentro de nuestra cultura individualista nos dicen que es nuestro derecho y nuestra responsabilidad descubrir y definir quiénes somos. Nos enseñan que debemos mirar en lo profundo de nuestro interior para encontrar nuestro ser más auténtico y, luego, seguir un camino que nos mantenga fieles a ese ser. En otras palabras, estamos viviendo en tiempos donde se nos dice: «Encuéntrate a ti misma. Vive tu verdad. Hazte a ti misma». Tiempos en los que somos (supuestamente) libres de ser quienes queramos ser.

Pero ¿en realidad nos corresponde a nosotras crear nuestra identidad? ¿Es cierto que el autodescubrimiento y la autodefinición traen libertad y paz verdaderas? Todas estamos desesperadas por encontrar respuestas a las mismas preguntas: *¿Soy valiosa, deseada? ¿Estoy a salvo? ¿En verdad soy amada? ¿Mi vida tiene un propósito? ¿Pertenezco en algún lugar?* El mundo nos dice que descubriremos las respuestas a estas preguntas *en nuestro interior* al aprender a amarnos a nosotras mismas mientras repetimos el mantra «Yo soy suficiente». Al mismo tiempo, el mundo nos bombardea con un sinfín de consejos sobre cómo ser *mejores*. Abundan los libros, los blogs y los videos que ofrecen consejos e instrucciones para convertirse en versiones más saludables, felices, organizadas, exitosas y atractivas de nosotras mismas. Si es cierto que a la identidad la hace una misma, eso nos deja la carga constante y pesada de tratar de medir y validar nuestra «suficiencia» con algún estándar desconocido. ¿Podría lo que el mundo comercializa como libertad esclavizarnos en realidad?

En nuestros esfuerzos por forjar una identidad personal, a menudo nos definimos según nuestros roles, preferencias, historia familiar, relaciones, trabajo, apariencia física y una serie de factores fluctuantes demasiado inestables como para soportar el peso de nuestra feminidad. Si nuestra valía como mujeres se basa en lo que *hacemos*, ¿qué pasa cuando dejamos de hacer o cuando no lo hacemos bien? Si nuestra seguridad y sentido de aceptación están envueltos por completo en las relaciones terrenales, en los logros personales o en un cuerpo sano y en forma, ¿qué sucede cuando esas cosas se pierden? Cuando somos despojadas de las fuentes de una identidad que forjamos nosotras mismas, nos quedamos vacías y sin esperanza.

Pero ¿qué pasaría si reconociéramos que no nos corresponde a nosotras crear nuestra identidad porque no nos originamos a nosotras mismas y, por lo tanto, en realidad no nos pertenecemos a nosotras mismas? ¿Qué pasaría si simplemente recibiéramos una identidad que sellara nuestro valor, seguridad, pertenencia y el amor de otra persona para siempre? ¿Qué pasaría si supiéramos con confianza que esta identidad nos otorgará un descanso permanente del esfuerzo y que nos permitirá enfrentar nuestro quebrantamiento con la esperanza segura de sanidad y plenitud? Si esta identidad en realidad es nuestra, ¡pertenecer a otro es en realidad una muy buena noticia!

En un mundo que no deja de empujarnos a fundamentar nuestra identidad sobre todas las cosas equivocadas, escribí *La feminidad moldeada por el evangelio* para ayudar a las mujeres a ver que la identidad *en Cristo* es el único fundamento estable y duradero sobre el cual establecer una vida. A través de su Hijo, Dios concede gratuitamente a los pecadores una identidad en el evangelio impulsada *por la gracia*. Esta es la única identidad que nos da el descanso eterno del esfuerzo y también nos impulsa a vivir una vida de buenas obras.

En su carta a la iglesia de Éfeso, el apóstol Pablo esboza el panorama general de lo que significa estar *en Cristo* y explica cómo esta identidad se desarrolla de manera práctica, no solo en los grandes propósitos de Dios para el cosmos, sino también en los detalles de la vida cotidiana. La identidad que Pablo tenía, fundada en el evangelio, lo definió de tal manera que abandonó todo otro fundamento potencial para sí mismo. Podemos ver cómo esta realidad fluye en sus escritos. Pablo quería que los creyentes se arraigaran profundamente en Cristo y entendieran cómo una identidad arraigada en él transforma cada aspecto de la vida.

El apóstol dedica los primeros tres capítulos de Efesios a examinar todo lo que Dios hizo en Cristo. Se regocija en las bendiciones espirituales prodigadas a los creyentes, en las maravillas de la salvación y en el asombroso misterio del evangelio ahora revelado. En los capítulos 4 a 6, Pablo adopta un enfoque práctico en la forma en que estas verdades influyen en nuestras decisiones diarias, en el trabajo, en las relaciones y en la vida familiar. Reflejando el modelo de Efesios, dividí los siguientes capítulos en dos secciones para ayudarnos a ver cómo saber *quiénes* somos (primera parte) influye en *lo que* hacemos (segunda parte). En otras palabras, arraigarnos en nuestra identidad *en* Cristo moldea e impulsa nuestra actividad *para* Cristo en todas las áreas de la vida.

En la primera parte, «Identidad moldeada por el evangelio», vemos el alcance de todo lo que Cristo logró para nosotras en la salvación y los maravillosos beneficios de la identidad del evangelio. Estos capítulos profundizan en cómo, en Cristo, a las mujeres se les da el valor, el propósito, la aceptación y el amor eternos que todas necesitamos con tanta desesperación. Exploramos cómo el Espíritu Santo que mora en nosotras es la única fuente de poder de una mujer para una vida verdaderamente buena y esperanzadora, y cómo el evangelio revierte el distanciamiento y la alienación causados por el pecado. Al final de esta sección, entramos en la relación, a menudo complicada para el creyente, que existe entre la gracia y las obras, la cual es la base para todo lo que sigue en la segunda mitad del libro.

En la segunda parte, «Actividad moldeada por el evangelio», nos enfocamos en prácticas respecto a la manera en que el evangelio impacta nuestro trabajo, nuestras amistades, nuestro cuerpo y nuestro matrimonio o soltería como mujeres. Estos capítulos trabajan en torno a cómo se ve una identidad inquebrantable en Cristo en el día a día: en la reunión de trabajo o cuando invitamos amigos de los niños a jugar a casa, en nuestras interacciones en la iglesia, cuando nuestros vaqueros favoritos de repente nos quedan demasiado ajustados o cuando nos preguntamos cómo pasar una noche solas. Consideraremos juntas de qué manera estar en Cristo es una buena noticia para todas las áreas de la vida, tanto en las alegrías como en las luchas. El capítulo final explora cómo debemos ver el sufrimiento y nuestro papel en el mundo. Basándonos en el famoso pasaje de Pablo sobre la armadura de Dios, vemos que la vida de una mujer cristiana es una vida de guerra y, a fin de cuentas, de victoria.

Antes de sumergirte en la lectura, comprométete a leer o a escuchar todo el libro de Efesios de una sola vez. Esto tomará unos veinte minutos, y te ayudará a preparar tu corazón y tu mente para lo que encontrarás en este libro. Además, para sacar el máximo provecho de *La feminidad moldeada por el evangelio*, recomiendo que no te apresures, sino que te tomes el tiempo para considerar el impacto que tiene cada tema en tu corazón y en tu vida. Cada capítulo termina con preguntas de discusión para usar en un grupo de discipulado, club de lectura o individualmente para la reflexión personal. Leer y conversar sobre el libro con otras hermanas en Cristo sería especialmente útil, ya que les permitiría animarse mutuamente al recordar su identidad compartida, a la vez que se estimulan mutuamente a las buenas obras que Dios ha preparado para ustedes (Efesios 2:10).

Si bien muchos factores nos *moldean* y *describen* como mujeres individuales, solo Dios tiene el poder y la autoridad para *definirnos*. Mi oración es que, como mujeres cristianas, nos arraiguemos en la Buena Noticia de que Jesucristo trae un descanso duradero. En él, podemos dejar de intentar construir una identidad y demostrar nuestra valía. Él nos libera de la presión interminable de ser suficientes. Las mujeres moldeadas por el evangelio aprenden a descansar y a trabajar mediante el poder de la gracia al creer en esta verdad: solo el amor de Dios en Cristo nos dice quiénes somos en realidad y nos transforma en lo que fuimos diseñadas para ser.

PRIMERA PARTE

Identidad moldeada por el evangelio

Efesios 1–3

CAPÍTULO 1

La única buena noticia

Qué es el evangelio y qué no es

Dios los salvó por su gracia cuando creyeron. Ustedes no tienen ningún mérito en eso; es un regalo de Dios. La salvación no es un premio por las cosas buenas que hayamos hecho, así que ninguno de nosotros puede jactarse de ser salvo.

EFESIOS 2:8-9

¿QUÉ ES EL EVANGELIO? Aunque la pregunta parecía bastante básica, me miró fijamente a través de la mesa de café como un ciervo encandilado. Siguieron unos momentos de silencio incómodo antes de que ella intentara responder: «Bueno, sé lo que es el evangelio... pero en realidad no sé cómo explicarlo». Estaba hablando con una chica de quince años que recientemente había comenzado a verme para recibir consejería bíblica. Hija de padres cristianos devotos, asistió a una escuela cristiana privada y estaba en la iglesia casi siempre. Pero como nunca quiero dar por sentado que asistir a la iglesia significa que una persona es cristiana, inicié esa sesión de la misma manera que comienzo todas las primeras sesiones de consejería: con muchas preguntas.

Una pregunta que siempre hago es si la persona es o no creyente en Jesucristo. Si la respuesta es sí, le pido que comparta su testimonio de cómo llegó a la fe y su comprensión del evangelio cristiano. Lo que vi en múltiples sesiones de consejería (y dentro de la iglesia en general) ha sido tanto impactante como desalentador: muchas mujeres que profesan ser cristianas son incapaces de articular con claridad el evangelio de Jesucristo. Peor aún, muchas mujeres pusieron su confianza en un evangelio falso sin siquiera darse cuenta.

Los falsos evangelios se proclaman en todas partes: a través de las redes sociales, los blogs, los libros más vendidos e, incluso, de algunas iglesias. La aterradora realidad es que pueden sonar *bastante* correctos. Son populares y nos hacen sentir bien, vienen empaquetados en clichés elocuentes que suenan agradables al oído y nos hacen sentir alegres, felices y reconfortadas. Muchos falsos evangelios, en particular aquí en occidente, anuncian las «buenas nuevas» acerca de ti y de mí, las cuales nos exhortan a poner nuestra esperanza en nosotras mismas. A primera vista, estos mensajes suenan muy positivos y prometedores, pero en realidad proclaman al yo como salvador y señor en lugar de Cristo. Y esta es una muy mala noticia.

Entonces, ¿qué vamos a hacer? Con falsos evangelios bombardeándonos a cada paso, ¿cómo sabemos que estamos creyendo en la verdad? Debemos recurrir a las Escrituras para discernir qué es el verdadero evangelio y qué no es. Si queremos encontrar nuestra identidad en Cristo y permitirle que moldee cada parte de nuestra vida, debemos conocer su evangelio minuciosamente. Debemos conocerlo no solo intelectualmente, sino también experimentarlo. Debemos descansar en él con todo nuestro ser, no solo asentir con la cabeza. Con el fin de ser mujeres moldeadas por el evangelio, debemos ser capaces de distinguir el evangelio auténtico de sus muchas falsificaciones furtivas y, una vez que lo conocemos, debemos arraigar nuestra vida entera profundamente en él.

No hay malas noticias, no hay buenas noticias

Hace unos meses, leí un artículo en línea que anunciaba que *Press-Register*, el periódico más antiguo de Alabama, acababa de imprimir su última edición. Después de más de 250 años de producir periódicos, el medio de comunicación hizo la transición a contenido solo digital. Me produjo un poco de nostalgia porque recuerdo haber visto ese periódico enrollado en una bolsa de plástico esperándonos al final del camino de entrada a casa todos los días durante los años de mi infancia. Recuerdo a mis padres leyendo este periódico. La realidad de que mis hijos estén creciendo en un mundo en el que los periódicos ya no son indispensables es un poco triste. Incluso con cada vez menos periódicos físicos, sin embargo, en nuestro mundo nunca habrá escasez de noticias (ni de quienes las consuman). En pocas palabras, las noticias son un informe de algo que sucedió, y los seres humanos nos sentimos infinitamente atraídos por ellas.

Para comprender en verdad el evangelio de Jesucristo, lo primero que debemos entender es qué es una *noticia*. La palabra «evangelio» es una traducción de la palabra griega *euangelion*, que literalmente significa «buenas noticias» o «buen mensaje»[1]. Esta definición de inmediato aporta algo de claridad al tratar de distinguir el evangelio bíblico de los muchos evangelios falsos que encontramos. Del mismo modo que un periódico está lleno de informes en lugar de instrucciones (por ejemplo, no explica cómo hacer funcionar una lavadora), el evangelio no es una instrucción sobre lo que debemos hacer, sino una declaración de lo que ya se hizo. Contrario a lo que algunas personas creen, el evangelio no es decidir portarse bien, hacer una oración, acudir al llamado de recibir a Jesús, firmar una tarjeta de compromiso o ser bautizada. No, el evangelio es la proclamación de algo bueno que ya sucedió. Entonces, ¿qué es lo que pasó? ¿Por qué es bueno? ¿Y qué tiene que ver con la identidad?

En su carta a la iglesia de Éfeso, el apóstol Pablo se refiere a sus lectores como aquellos que «también han oído la verdad, la Buena Noticia de que Dios los salva» (Efesios 1:13). Esta es la primera vez que se usa la palabra *evangelio* en Efesios. Aquí, Pablo la define simplemente como «la verdad». En otra carta, el apóstol resume sucintamente el contenido de esta verdad:

> Yo les transmití a ustedes lo más importante y lo que se me había transmitido a mí también. Cristo murió por nuestros pecados tal como dicen las Escrituras. Fue enterrado y al tercer día fue levantado de los muertos, tal como dicen las Escrituras. Lo vio Pedro y luego lo vieron los Doce.
>
> **1 CORINTIOS 15:3-5**

En resumen, el evangelio es la Buena Noticia de la vida, la muerte y la resurrección de Jesucristo por los pecadores. La triste realidad, sin embargo, es que muchas mujeres (incluso aquellas que profesan ser cristianas) en verdad no creen en esta Buena Noticia, esta «verdad», porque no han comprendido su propia necesidad desesperada de ella. Sin las malas noticias, no hay buenas noticias. El evangelio solo es necesario y gloriosamente bueno cuando brilla intensamente contra el oscuro y sucio trasfondo de nuestro verdadero problema como seres humanos: el pecado.

No podemos recibir la salvación de Dios hasta que entendamos nuestra necesidad. Tampoco podemos aceptar una identidad que nos fue dada libremente en Cristo sino hasta que entendamos y admitamos las muchas maneras en que el pecado ha estropeado nuestro verdadero ser. En Efesios 1, Pablo describe los abundantes beneficios de la identidad en Cristo (somos elegidas, adoptadas, redimidas y perdonadas, por mencionar solo algunos). En el capítulo 2, retoma el tema para recordar a los creyentes por qué necesitábamos esta nueva identidad en primer lugar.

Tú (no) tienes un buen corazón

Una vez le pregunté a mi clase de segundo grado de la escuela dominical de qué forma Adán y Eva pecaron contra Dios. Un niñito respondió: «No siguieron las instrucciones». Si bien es cierto que los primeros hijos de Dios no siguieron su clara directiva, resumir su pecado de esta manera suaviza el golpe de la ofensa. «No seguir las instrucciones» puede dar a entender que se trató de un error intencionado, tal vez consecuencia de una distracción o de no escuchar bien. Pero la verdad es que la desobediencia de Adán y de Eva fue mucho peor que un error irreflexivo: fue una traición abyecta contra su Creador y Rey, la cual llevó a la caída de la raza humana y a la corrupción del mundo entero.

¿Alguna vez escuchaste a alguien decir: «Cometí algunos errores, pero eso no es lo que soy en realidad. En el fondo tengo un buen corazón»? Aunque la mayoría de nosotras admitiremos sin esfuerzo que no somos perfectas, a menudo vemos nuestro propio pecado como una serie de errores intencionados o como la incapacidad de seguir instrucciones. El «evangelio del yo» nos asegura que somos básicamente buenas personas: personas que tienen el poder para superar sus propios defectos con esfuerzo suficiente. Aunque naturalmente queremos creer que somos virtuosas, la gracia desacredita el mito prevalente de que nacemos con una naturaleza fundamentalmente buena (Salmo 14:1-3, Jeremías 17:9, Romanos 3).

En Efesios 2:1-3, Pablo declara las malas noticias que hicieron necesario el evangelio en primer lugar:

> Antes ustedes estaban muertos a causa de su desobediencia y sus muchos pecados. Vivían en pecado, igual que el resto de la gente, obedeciendo al diablo, el líder de los poderes del mundo invisible, quien es el espíritu que actúa en el corazón de los que se niegan a obedecer a Dios. Todos vivíamos así en el pasado,

> siguiendo los deseos de nuestras pasiones y la inclinación de nuestra naturaleza pecaminosa. Por nuestra propia naturaleza, éramos objeto del enojo de Dios igual que todos los demás.

¡Ay!

Este pasaje nos dice que nadie tiene buen corazón. De hecho, no somos en esencia buenas personas que simplemente se equivocan de vez en cuando. Más bien, todas nacemos con una naturaleza fundamentalmente pecaminosa que no deja ninguna parte de nosotras sin corromper. En otras palabras, no somos pecadoras porque pecamos, pecamos porque somos pecadoras. Si bien esto no significa que somos tan malas como podríamos ser, ni incluso que todas las personas son igualmente malvadas, sí significa que ninguna de nosotras está a la altura de la norma santa de Dios, porque no lo adoramos, obedecemos ni glorificamos como fuimos creadas para hacerlo (Romanos 3:23). Significa que nuestros deseos y pasiones, nuestros sentimientos, mente y cuerpo fueron manchados por el pecado.

Efesios 2:1 nos dice que todos los seres humanos nacemos espiritualmente *muertos*. Así como una persona físicamente muerta no puede responder a los estímulos físicos, las personas espiritualmente muertas no pueden responder a los estímulos espirituales: las cosas de Dios[2]. En nuestro estado de muerte somos esclavas del pecado y nos rebelamos contra la verdad de Dios. Continuamente desobedecemos a nuestro Creador siguiendo al mundo, al diablo y a las pasiones de nuestra carne caída en lugar de seguir a la buena Palabra de Dios. Como resultado, merecemos su justa ira.

Esto está muy lejos de los mensajes cálidos y difusos de bondad personal con los cuales el mundo nos satura. El evangelio solo es una buena noticia cuando se yuxtapone con la mala noticia de nuestra depravación absoluta. Las personas «buenas en esencia» no necesitan un Salvador sustitutorio que derrame su sangre. Mientras que el resto de la humanidad peca porque somos pecadores, Jesucristo fue el único ser humano nacido en este mundo con un corazón bueno en verdad. Él es el único ser humano que obedeció perfectamente al Padre. El perdón que Dios nos ofrece a través de Jesús es solo una buena noticia cuando sabemos con cuánta desesperación lo necesitamos.

(No) Debes creer en ti misma

«Cree en ti misma y lograrás lo que te propongas». Veo esta cita popular en todas partes. Se imprime en camisetas, calcomanías de automóviles, letreros decorativos y se publica en las redes sociales. Por supuesto, muchas mujeres lograron cosas asombrosas, pero este mensaje borra a Dios del panorama e implica que cualquier cosa se puede lograr con suficiente fe en nosotras mismas. *¡Cree en ti misma!* es una exhortación popular que, francamente, nos encanta escuchar. Insistir en que cada una de nosotras es lo suficientemente sabia y autosuficiente como para trazar nuestro propio rumbo nos hace sentir empoderadas. Aunque esto suene como una buena noticia, sin embargo, la fe en el yo es la esencia de un falso evangelio en total desacuerdo con el evangelio bíblico de la gracia.

El espíritu de este falso evangelio está personificado en las memorias tremendamente populares de Glennon Doyle, *Indomable*. En este libro superventas del *New York Times*, Glennon relata su viaje para liberarse de las limitaciones de la moralidad objetiva y encontrar la «salvación» dentro de sí misma. Escribe:

> Si lo que encontré en las profundidades es solo mi yo, si lo que aprendí no es cómo comunicarme con Dios, sino cómo comunicarme conmigo misma; si en quien aprendí a confiar no es en Dios, sino en mí misma, y si por el resto de mi vida, sin importar cuán perdida esté, sé exactamente dónde y cómo encontrarme de nuevo, está bien, entonces. Eso es, sin duda, un milagro suficiente para mí[3].

Millones de mujeres consumieron el contenido de este libro e interiorizaron la mentira de que nuestra perdición se resuelve con solo encontrarnos y confiar en *nosotras mismas*. La Biblia nos dice, sin embargo, que no somos autosuficientes, sino que, por el contrario, estamos desesperadamente necesitadas. No solo necesitamos que Dios satisfaga nuestras necesidades físicas, sino que también debemos depender de él para satisfacer nuestra necesidad espiritual más urgente. ¿Hay alguien más indefenso que un muerto? ¿Hay alguien más necesitado de salvación que un hijo de ira? Las personas espiritualmente muertas son impotentes cuando se trata de su verdadero problema: el pecado y la separación de Dios. A pesar de lo mucho que creas en ti misma, no puedes resucitar tu corazón muerto ni reconciliarte con Dios. Solo el evangelio de la gracia tiene el poder para hacer que las personas muertas *vivan en Cristo* (Efesios 2:5). ¿Por qué? Porque Cristo es el único ser perfecto y poderoso que venció el pecado y la muerte. Él hizo por nosotras lo que no podemos hacer por nosotras mismas.

En Efesios 2, Pablo continúa: «Dios los salvó por su gracia cuando creyeron. Ustedes no tienen ningún mérito en eso; es un regalo de Dios. La salvación no es un premio por las cosas buenas que hayamos hecho, así que ninguno de nosotros puede jactarse de ser salvo» (Efesios 2:8-9). En occidente, valoramos a quienes alcanzaron sus logros y se hicieron a sí mismos a través del trabajo duro. Decimos (o al menos pensamos) cosas como: «¡Dios ayuda a quienes se ayudan a sí mismos!». Esta es una de las razones por las cuales la Buena Noticia de la gracia de Dios es tan ilógica y nos resulta tan difícil recibirla. No se puede ganar a través del trabajo duro o de la rectitud personal. La gracia es el regalo gratuito del favor inmerecido de Dios, a la cual solo se accede por fe en la persona correcta. (Advertencia: ¡Esa persona no eres tú!). Jesucristo es el único ser humano que vivió la vida sin pecado que ninguno pudo vivir y murió la muerte espantosa que todos merecíamos morir, absorbiendo la justa ira de Dios por nuestros pecados. Jesús es el único que en verdad puede salvarnos. No necesitamos creer en nosotras mismas; necesitamos creer en él (Hechos 16:31). Pero ¿qué implica creer? ¿Es simplemente estar de acuerdo con los hechos de que Jesús es el Mesías de Dios, enviado a la tierra desde el cielo, crucificado injustamente por hombres malvados, resucitado y vindicado por el Padre como la expiación perfecta por los pecadores? ¡La fe en Jesús sin duda es mucho más que solo aceptar de manera intelectual estos hechos cruciales! Incluso Satanás y sus demonios entienden quién es Jesús (Marcos 1:23-24; Lucas 4:41). La verdadera fe implica no solo el reconocimiento de los hechos acerca de Jesús, sino también la dependencia total de él.

No sé ustedes, pero una de las razones por las que disfruto volar en avión es que (una vez que me siento) llegar a mi destino no depende nada de mí. A medida que el avión avanza a toda velocidad por la pista, no me dirijo a la cabina del piloto para ayudarlo a despegar el avión. ¡Ciertamente no empiezo a agitar salvajemente mis brazos como un pájaro! No, simplemente me quedo sentada hasta que aterrizamos. Esta acción demuestra algo más que la creencia intelectual de que el avión puede volar. Al subir a bordo y sentarme, demuestro total confianza en la aeronave y en el piloto. No aporto nada y confío implícitamente. De la misma manera, tener fe en Jesús no es solo creer en tu cabeza que él salva a los pecadores en general, sino depender de él por completo para que te salve a *ti*.

El evangelio no es un plan de autoestima ni de superación personal. Por el contrario, la gracia de Dios nos humilla al revelar nuestra desesperada necesidad de un salvador y nuestra impotencia para salvarnos a nosotras mismas. La gracia nos voltea del pedestal de nuestra propia justicia, antes de levantarnos en Cristo. Jesús no murió una muerte sangrienta en la cruz para ayudarnos a tener fe en *nosotras mismas*; murió para que pudiéramos poner nuestra fe en *él*. La verdadera fe bíblica significa descansar solo en Cristo para la salvación. La creencia en nosotras mismas nos aplastará a fin de cuentas bajo el esfuerzo constante y el fracaso final, pero la fe en Cristo nos lleva a una esperanza que no nos decepcionará (Romanos 5:2-5).

(No) Debes ser fiel a ti misma

Cuando estábamos en el último año de la escuela secundaria, mis amigas y yo bromeábamos sobre pasar el verano en Europa después de graduarnos. Solíamos bromear diciendo: «¡Antes de ir a la universidad, viajemos a París a encontrarnos a nosotras mismas!». No hablábamos en serio, pero a lo largo del camino de la vida habíamos adquirido la creencia generalizada de que cada persona debe descubrir su propia identidad y vivir según esa verdad. «Vive *tu* verdad» es un mantra clave del evangelio del yo, pero el evangelio de la gracia simplifica nuestra búsqueda de identidad al permitirnos conocer y vivir *la* verdad sobre nosotras mismas y sobre todo lo demás.

Aunque sea difícil de comprender al mirar el rostro de un precioso bebé recién nacido, los seres humanos nacemos en este mundo «muertos a causa de [nuestros] muchos pecados» (Efesios 2:1). Pablo enseña que todos y todas vivimos fieles a esta identidad desobedeciendo de manera continua la Palabra de Dios y obedeciendo nuestros deseos corruptos en su lugar. Como pecadoras gobernadas por «nuestra verdad», en lugar de la de Dios, estamos destinadas a su ira (Efesios 2:3). El evangelio, sin embargo, se basa en dos palabras cruciales (Efesios 2:4): «Pero Dios». Estas palabras son el glorioso punto de inflexión en un pasaje que ha sido bastante deprimente hasta ahora. Pablo escribe:

> Pero Dios es tan rico en misericordia y nos amó tanto que, a pesar de que estábamos muertos por causa de nuestros pecados, nos dio vida cuando levantó a Cristo de los muertos. (¡Es solo por la gracia de Dios que ustedes han sido salvados!) Pues nos levantó de los muertos junto con Cristo y nos sentó

> con él en los lugares celestiales, porque estamos unidos a Cristo Jesús. De modo que, en los tiempos futuros, Dios puede ponernos como ejemplos de la increíble riqueza de la gracia y la bondad que nos tuvo, como se ve en todo lo que ha hecho por nosotros, que estamos unidos a Cristo Jesús.
>
> **EFESIOS 2:4-7**

La buena noticia de la gracia no es solo que Dios salva a los pecadores de su ira, sino también que les da vida a las personas espiritualmente muertas al unirlas a su Hijo. En Cristo, recibimos una naturaleza e identidad completamente nuevas, las cuales nos llevan a tener nuevos deseos (Efesios 2:5-6). La gracia nos invita a acercarnos a Cristo tal como somos, pero nunca nos deja así. ¡El evangelio nos hace nuevas personas! Junto con el llamado de Cristo a creer en el evangelio hay un llamado al arrepentimiento (Marcos 1:15). El arrepentimiento es un cambio de corazón y de mente que conduce a un cambio de dirección. Jesús afirmó: «Si alguno de ustedes quiere ser mi seguidor, tiene que abandonar su propia manera de vivir, tomar su cruz y seguirme» (Marcos 8:34). Lejos de ser un llamado a ser fieles a nosotras mismas, Jesús nos ordena negar las pasiones y deseos de la identidad pecaminosa que una vez nos definió y vivir fieles a nuestra nueva identidad en él.

Sobre este pasaje, el pastor y autor Sam Allberry escribe: «Es lo mismo para todos nosotros [...]. Debo negarme a mí mismo, tomar mi cruz y seguirlo [...]. Negarte a ti mismo no significa modificar tu comportamiento aquí y allá. Es decir "no" a tu sentido más profundo de quién eres, por amor a Cristo». Y continúa: «El hecho es que el evangelio exige todo de todos nosotros. Si alguien piensa que el evangelio de alguna manera se ha insertado en su vida con bastante facilidad, sin causar ningún ajuste importante en su estilo de vida o aspiraciones, es muy probable que no haya comenzado a seguir a Jesús en lo más mínimo»[4].

Jesús no hace mejores a las personas buenas, sino que les da vida a los muertos. El evangelio nos hace nuevas criaturas en Cristo. Por fe, compartimos la muerte de Jesús cuando nuestro viejo yo es crucificado y compartimos con él su resurrección cuando somos resucitados a una naturaleza completamente nueva en él (2 Corintios 5:17). En Cristo, recibimos el Espíritu Santo, quien nos capacita para despojarnos de las obras que caracterizaban nuestra identidad anterior y para vestirnos de una vida semejante a la de Cristo que coincide con nuestra nueva identidad (Romanos 8:13; Efesios 4:22) La gracia nos libera para que dejemos de tratar de ser fieles a nuestro ser pecaminoso y, en cambio, dediquemos nuestra vida a las buenas obras que son verdaderas en Cristo (Efesios 2:10).

En resumen

Ese día, mientras estaba sentada frente a frente con la confundida chica de quince años en la oficina de consejería, mi corazón se rompió por ella. ¿Qué debería haberle dicho? Bueno, podría haberle predicado el evangelio del moralismo, sugiriéndole que se comprometiera más y prometiéndole que Dios acepta a aquellas personas cuyas buenas acciones superan a las malas. Podría haberle ofrecido el evangelio de la prosperidad, exhortándola a «tener más fe» para que Dios bendijera su desempeño escolar y su vida social. Podría haberme apoyado en el evangelio terapéutico, diciéndole que el propósito de Dios es satisfacer lo que siente que necesita y hacerla feliz. O, tal vez, ni siquiera importaría lo que le dijera, como afirma el evangelio pluralista: «Todos los caminos conducen a Dios», siempre y cuando las creencias religiosas se mantengan con sinceridad. Por supuesto que no le ofrecí ninguno de estos falsos evangelios: farsas a cambio de la verdad. En vez de eso, le di la «palabra de verdad». Solo el evangelio bíblico de la gracia nos dice: «Somos más pecadoras y defectuosas de lo que jamás nos atrevimos a creer, pero al mismo tiempo somos más amadas y aceptadas en Jesucristo de lo que jamás nos atrevimos a esperar»[5]. Muchas mujeres han estado en la iglesia durante años y no creen en este evangelio. ¿Tú lo crees? Es en verdad nuestra única esperanza.

Preguntas para la reflexión y el debate

1. ¿Qué significa literalmente la palabra «evangelio»? Explica la diferencia entre noticias e instrucción. ¿Cómo nos ayuda esto a distinguir el evangelio bíblico de los falsos evangelios?
2. Si tuvieras que explicarle el evangelio a la joven de quince años que estaba sentada en mi oficina, ¿qué le dirías?
3. Lee Efesios 2:1-3. ¿Qué hay de malo con la afirmación: «Cometió un error, pero en realidad ella no es así; en el fondo tiene un buen corazón»?
4. Lee Efesios 2:8-9. ¿Por qué la exhortación a «creer en ti misma» está en desacuerdo con el evangelio de la gracia? ¿Por qué la creencia en el yo no puede salvarnos?
5. Cuando se trata de creer en Jesús (fe bíblica), ¿cuál es la diferencia entre el acuerdo intelectual y la confianza dependiente? (Sugerencia: ¡Recuerda la ilustración del avión!) Explica por qué ambos son importantes.
6. Lee Efesios 2:4-6, 10. ¿Qué cambio en nuestra identidad produce la gracia de Dios? ¿Cómo nos permite esto ser fieles a Cristo en lugar de a nosotras mismas?
7. ¿Creíste en el evangelio de la gracia, te arrepentiste de tus pecados y pusiste tu fe solo en Cristo para la salvación? Si no es así, ¿qué es lo que te impide hacerlo hoy?

CAPÍTULO 2

Toda bendición espiritual

Beneficios de la identidad del evangelio

Toda la alabanza sea para Dios, el Padre de nuestro Señor Jesucristo, quien nos ha bendecido con toda clase de bendiciones espirituales en los lugares celestiales, porque estamos unidos a Cristo.

EFESIOS 1:3

PASÉ EL VERANO después de mi primer año de universidad trabajando como consejera en un campamento de verano para niñas. Con el propósito de ayudarnos a conocernos antes de que llegaran las campistas, se le pidió a cada consejero que escribiera un ensayo breve titulado «De dónde vengo» para compartir con los demás consejeros y el personal. Se suponía que debíamos detallar las diversas personas, lugares, cosas y experiencias que nos habían ayudado a formarnos. He aquí algunas cosas que escribí sobre mis primeros dieciocho años de vida (bastante ingenuos):

> Soy de un pequeño pueblo de Alabama donde todo el mundo conoce tu nombre. Vengo de la pasión de mi padre por la verdad y del servicio de amor sincero de mi madre. Vengo de largas carreras, buenos libros y citas profundas. Vengo de

> verdaderas amistades y rupturas necesarias, de los estudios bíblicos en familia de los lunes por la noche y de innumerables sesiones de estudio para la escuela. Vengo del esfuerzo, del estrés del perfeccionismo y muchas buenas calificaciones que al final no tendrán ningún valor.

Aunque escribí el ensayo hace años, todavía recuerdo haber disfrutado de la introspección que requería. Reflexionar sobre mi lugar de origen (tanto literal como figurativamente) reveló y explicó algo sobre la joven en la que me había convertido. Exponía algunas de las cosas que me hacían *única*. Es probable que el hecho de haber disfrutado de esta actividad tenga algo que ver con la realidad de que siempre me gustaron los buenos proyectos de escritura, pero también insinúa el deseo humano de saber quiénes somos en realidad: ese anhelo de un sentido de identidad.

Los seres humanos, en particular en occidente, estamos obsesionados con el autodescubrimiento. Vemos esto en la popularidad generalizada de las pruebas de personalidad, como el inventario tipológico de Myers-Briggs y, más recientemente, el Eneagrama de la personalidad. Lo vemos en los centenares de preguntas «¿Cuál eres tú...?» que presentan las redes sociales: «¿Qué pastel eres?, ¿chocolate clásico, zanahoria especiada o una adorable magdalena? Responde a nuestro cuestionario para averiguarlo»[1]. El deseo de autodescubrimiento nos absorbe. ¡En poco tiempo no solo nos hemos identificado con un tipo de pastel, sino que también hemos determinado qué sándwich, raza de perro y princesa Disney somos!

Como vimos en el capítulo anterior, nuestra cultura nos dice que cada una de nosotras tiene una identidad auténtica que necesita ser descubierta, no tanto por los cuestionarios de Internet, sino mirando en lo profundo de nuestro interior. Para prosperar, el mundo sostiene que no solo debemos descubrir y definir quiénes somos, sino que también debemos ser fieles a nosotras mismas. Vimos que el evangelio simplifica nuestra búsqueda al concedernos una nueva identidad en Cristo. Tristemente, sin embargo, nuestra identidad del evangelio no siempre parece tener influencia en la forma en que en realidad nos percibimos a nosotras mismas. Si bien a muchas de nosotras se nos enseñó a encontrar quiénes somos en Cristo, esto puede parecer una simplificación teológica trillada de nuestra personalidad única que no siempre satisface la necesidad de un mayor autodescubrimiento y validación. Esto se debe a que nuestra búsqueda para encontrarnos a nosotras mismas está impulsada por dos preguntas más grandes que nos atormentan como mujeres: *¿Poseo valor verdadero?* y *¿Cuáles son las fuentes y medidas de mi valor?* Estas son las preocupaciones que impulsan nuestra necesidad de saber y demostrar que somos deseadas, amadas y estamos a salvo. Con el fin de convertirnos en mujeres verdaderamente moldeadas por el evangelio, necesitamos desesperadamente entender cómo nuestra identidad en Cristo influye en estas preguntas particulares.

Por amor a las categorías

Hay muchas características que hacen que una mujer en particular sea única: personalidad, apariencia física, talentos, preferencias e inclinaciones, solo por nombrar algunas. Además, numerosos factores influyen en la vida de una mujer en particular: su origen étnico, cultura, historia familiar, condición socioeconómica, educación religiosa, relaciones, funciones, trabajo, experiencias de vida y sufrimientos. Todas estas categorías dan forma al sentido de identidad personal de una mujer, ayudándola a comprenderse a sí misma y a su lugar en el mundo[2].

Cuando somos pequeños, nuestro sentido de nosotros mismos está muy ligado a la categoría de familia. Primero nos comprendemos a nosotros mismos en relación con aquellos a quienes pertenecemos. Mi segundo hijo demostró este hecho con claridad hace unos años cuando otro niño le preguntó: «¿Quién eres?». Sin siquiera detenerse a pensar, mi hijo respondió: «Soy uno de los hijos de mi papá». A los cinco años de edad, todo su sentido de sí mismo estaba (adorablemente) ligado a ser un hijo y un hermano... Tanto es así que ni siquiera compartía su nombre. A medida que crecemos en edad e independencia, comenzamos a buscar categorías fuera de la familia para obtener un sentido de nosotros mismos. Nos fijamos en nuestras experiencias, nuestra apariencia física, nuestras preferencias y atracciones, el trabajo o los pasatiempos en los que nos destacamos y las relaciones que tenemos más allá de nuestra familia. A menudo usamos categorías para contarles a los demás sobre nosotros mismos y para describir cómo pasamos nuestros días.

Por ejemplo, la biografía de mi perfil de Instagram dice: «Sarah Rice, esposa de pastor, madre de cuatros niños, escritora y consejera bíblica». Esta biografía revela algunas cosas sobre mí a través de categorías. Te habla de mis principales relaciones y roles: soy esposa y madre de cuatro hijos. Te habla de mi trabajo y de los dones que Dios me ha dado: me preocupo por los niños, aconsejo y escribo artículos y libros. Si vas más allá de la información biográfica y miras las fotos y lo que publico debajo de las fotos, aprenderás más sobre mí a través de las categorías. Verás cómo me veo. Leerás sobre las cosas que hago, las cosas que amo y las cosas con las cuales lucho. Incluso puedes aprender algo sobre mis antecedentes a través de las fotos que comparto y las historias que cuento.

Estas categorías no son ni aleatorias ni insignificantes; son ordenadas por un Dios soberano y nos afectan y moldean como mujeres individuales. Nos encontramos con problemas, sin embargo, cuando confiamos en que las categorías pueden hacer algo más que describir los detalles de nuestra propia vida y, en cambio, las usamos para que nos definan como personas; para que digan quiénes somos y por qué somos importantes. En nuestra búsqueda de autodescubrimiento, a menudo buscamos que una o más de nuestras categorías sean la fuente de nuestra identidad y la medida de nuestro valor; esto es, a fin de cuentas, destructivo.

Por ejemplo, si considero la categoría de la maternidad como mi fuente primaria de identidad, y si creo que mi valor como mujer aumenta y disminuye en función de lo bien que me desempeño en este papel, ¿qué pasa cuando mis hijos abandonan el nido, cuando me decepcionan mucho o cuando me enfrento a mis propios fracasos como madre? En todos estos casos, sentiré desesperación y la pérdida de mi sentido de quién soy. ¿Qué pasa si el trabajo y una carrera exitosa son las fuentes principales de tu identidad y sentido de valía? ¿Qué pasa cuando no te desempeñas bien en tu trabajo o cuando alguien critica tu trabajo? ¿Qué pasa si pierdes tu trabajo o no puedes trabajar debido a problemas de salud crónicos u otras circunstancias imprevistas? Tu sentido de autoestima se desplomará. ¿Qué pasa si nuestra identidad como mujeres se basa en tener el amor de tu alma gemela, un rostro hermoso, un cuerpo de cierto tamaño o un saldo bancario tan grande que te da seguridad? Cuando las olas de la edad, el cambio, la pérdida, los deseos insatisfechos y las expectativas insatisfechas chocan contra nosotras, nos hundimos.

Si bien las categorías pueden describir cómo somos y qué hacemos, ninguna categoría puede decirnos a fin de cuentas quiénes somos. Las categorías pueden afectar y dar forma a nuestro *sentido* de identidad, pero no son la *fuente* de nuestra identidad. En otras palabras, las categorías en las que tú y yo caemos pueden *describirnos*, pero no pueden *atribuirnos* valor. No fuimos hechas para «encontrarnos a nosotras mismas» en ninguna categoría, ya sea familia, carrera, matrimonio, crianza, finanzas, salud, apariencia física o amistades. Estas características y factores fluctúan constantemente y son efímeros. Son cables muy delgados en los cuales colgar las preguntas pesadas con las que cada una de nosotras lucha cuando se trata de nuestro sentido de valía: ¿Soy deseada? ¿Soy amada? ¿Soy lo suficientemente valiosa? ¿Estoy a salvo? Si bien gran parte de lo que experimentamos en esta vida tiene la capacidad de moldearnos, solo una cosa (una persona, más bien) tiene el poder para definirnos.

Mujer creada a imagen y semejanza de Dios

Lo primero que nos dice la Biblia acerca de Dios es que él es el Creador; por lo tanto, lo primero que la Biblia afirma de nosotras mismas es que somos seres creados (Génesis 1). Esta verdad, que los seres humanos no se originaron por sí mismos, tiene enormes implicaciones para nuestra identidad. Debido a que Dios es el autor de nuestra existencia, le pertenecemos y nuestra identidad está indisolublemente ligada a él. Solo nuestro Creador puede definirnos y decirnos quiénes somos en realidad.

La Biblia enseña que los seres humanos somos la única parte de la creación de Dios hecha a su propia imagen. Génesis 1:27 dice: «Así que Dios creó a los seres humanos a su propia imagen. A imagen de Dios los creó; hombre y mujer los creó». ¿Qué es ser creada a la imagen de Dios? ¿Y qué significa esto para nuestra identidad como mujeres?

Los seres humanos reflejamos a Dios de manera única, en formas que otras partes del orden creado no lo hacen. Por ejemplo, los seres humanos, a diferencia de las plantas y los animales, somos criaturas morales con capacidad para el lenguaje, el razonamiento, la creatividad, las relaciones serias y el ejercicio de la autoridad. Hace poco, los eruditos señalaron que la frase «imagen de Dios» denota un representante de la realeza. En las antiguas sociedades orientales, solo el rey era «imagen de Dios». Como se creía que este único humano tenía acceso a los dioses, representaba y gobernaba visiblemente en nombre de la deidad invisible. Era el mediador entre el pueblo y los dioses[3].

Teniendo en cuenta todo esto, la afirmación de la Biblia de que todos los seres humanos estamos hechos a imagen de Dios es bastante increíble. El Dios Todopoderoso del universo, un Espíritu invisible, creó a cada ser humano para que fuera una representación visual de él. Fuimos hechas para vivir en relación con Dios, reflejando la bondad y la gloria de su naturaleza al mundo. Fuimos llamadas para mediar entre el Creador y el resto de su creación tomando dominio del orden creado y gobernando amorosamente en su nombre (Génesis 1:28). Y fuimos diseñadas para hacer esto como seres pertenecientes a un género inequívoco.

Dios creó al hombre y a la mujer para que llevaran su imagen. Tanto los hombres como las mujeres (juntos y como individuos) reflejan la verdad acerca de Dios con más claridad que cualquier otra parte del orden creado. El núcleo mismo de mi identidad y de la tuya es ser una mujer hecha a imagen de Dios. La parte de la mujer no es una nota insignificante al pie de página. Es la expresión misma de nuestra condición humana[4]. Tú y yo somos la imagen de Dios en nuestra feminidad. Esto no tiene tanto que ver con nuestro propio sentido de género, nuestras funciones en una etapa en particular o nuestra encarnación de los estereotipos culturales de la feminidad. Tiene todo que ver con el género que nuestro buen Dios nos asignó en nuestra biología y llamó «muy bueno» (Génesis 1:31).

Estamos hechas para reflejar el valor incalculable del Dios del universo *como mujeres*. Esta es la fuente misma de nuestra identidad, dignidad y valor inmutables. Si esto es cierto, ¿por qué sentimos la constante necesidad de descubrir nuestra identidad única y demostrar nuestra propia valía? ¿Y por qué sucede que, en el fondo, nos sentimos tan indignas?

Crisis de identidad

Cuando tenía cincuenta años, mi suegro sorprendió a todos sus hijos al comprar un Porsche. No estoy segura de si este auto deportivo rápido y elegante fue parte de una crisis de la mediana edad, pero ciertamente parecía poco característico de un amante de la naturaleza que siempre condujo una camioneta y amaba cazar y pescar al aire libre. (¡Aun así, era un coche divertido que todos disfrutamos!). Todos hemos oído hablar de la crisis de identidad de la mediana edad. Cuando las personas envejecen y cambian, a veces se involucran en comportamientos inusuales (y a veces ridículos) debido a una pérdida notable del sentido de sí mismas. De una manera mucho más catastrófica, la entrada del pecado en el mundo condujo a una gran crisis de identidad humana.

Cuando los primeros portadores de la imagen vieron que el fruto del único árbol que Dios había declarado fuera de los límites era deseable, cayeron presos de la mentira destructiva de que ser una criatura del Creador no era deseable. Cuando nuestros primeros padres dudaron de la bondad de Dios y cuestionaron su amor, de repente ser responsables ante su Creador se sintió como una opresión, en lugar de una verdadera libertad. Cuando arrancaron la fruta, se aferraron a la independencia. A medida que hundían sus dientes en lo que Dios había prohibido, tontamente se apropiaban del control de su propia vida: el derecho a definir su propia moralidad, crear su propia identidad y trazar su propio rumbo. Pero en lugar de encontrar libertad y gozo, Adán y Eva se encontraron esclavizados a la corrupción, separados del Dios de toda vida y llenos de vergüenza.

Al igual que una estatua que una vez fue impecable y ahora era profanada violentamente, la imagen de Dios en la humanidad fue horriblemente estropeada por el pecado. Aunque Dios en su misericordia permitió que Adán y Eva trajeran más portadores de su imagen al mundo, nuestros primeros padres transmitieron una herencia de corrupción a su descendencia. Como vimos en Efesios 2, todos los seres humanos venimos a este mundo espiritualmente muertos en pecado y alejados del buen Dios a quien fuimos creados para reflejar.

En nuestro pecado, suprimimos la verdad evidente que Dios insertó en el orden creado y nos resistimos a su derecho legítimo sobre nuestra vida (Romanos 1:18-21). Cegados a su bondad y gloria, buscamos ardientemente el autogobierno y nos atribuimos un valor asignado por nosotros mismos; un valor desconectado de nuestro Creador verdaderamente digno. Esto es idolatría, y nos impide percibir nuestra verdadera identidad y valor. La Biblia afirma que la sabiduría que surge de nosotros mismos nos hace seres necios que se devalúan a sí mismos y a los demás (Romanos 1:26-32).

Esta es la razón por la que hay tanta confusión, angustia y rebelión cuando se trata de cuestiones de autonomía corporal, de lo sagrado de cada vida humana, de la bondad de la distinción de género y del diseño de Dios para nuestro cuerpo y sexualidad. Es por eso que todas y todos estamos en una misión interminable de descubrir nuestro ser único y demostrar nuestra valía a través de categorías como el trabajo, las funciones, las relaciones y la apariencia física. Y es por eso que siempre parece que nos quedamos cortos en esta búsqueda. Estos diversos problemas no están desconectados, todos son síntomas de la crisis de identidad humana que resultó de la caída.

El mundo nos dice que cuando la realidad de nuestra crisis de identidad personal nos presiona, debemos buscar más profundamente dentro de nosotras mismas para resolver la crisis: *¡Cree en ti misma! ¡Eres una buena persona! ¡Eres fuerte! ¡Eres suficiente!* Por muy alentadoras que parezcan estas palabras, suenan huecas: simplemente no podemos arreglar esta crisis que hemos creado nosotras mismas. Como vimos en el capítulo anterior, la fe en una misma no puede aliviar la vergüenza y la culpa que pesan sobre nosotras, y ninguna cantidad de diálogo interno positivo puede liberarnos por completo de la necesidad que sentimos de demostrar nuestro valor. Ninguna porción de amor por una misma puede borrar el pensamiento persistente que subyace en lo profundo del ser: *Tal vez en realidad no soy digna de ser amada.*

La razón es esta: aunque tenemos un valor inquebrantable como mujeres hechas a la imagen de Dios, independientemente de si somos cristianas o no, separadas de él *no* somos dignas. Abandonadas a nuestra propia suerte, no somos buenas y no somos suficientes. No hicimos nada para merecer el favor ni el amor de Dios; por el contrario, merecemos su ira (Romanos 3:23). Para poder valorar en verdad el valor dado por Dios que todas las personas poseemos como portadoras de su imagen y ser hechas verdaderamente justas, necesitamos reunirnos con Dios mismo de alguna manera. Esta es la razón por la que el evangelio es tan buena noticia y por la que nuestra identidad en Cristo tiene beneficios tan poderosos y que cambian vidas.

La identidad del evangelio: la unión con Cristo

Después del saludo inicial en su Carta a los Efesios, Pablo prorrumpe en alabanzas a Dios: «Toda la alabanza sea para Dios, el Padre de nuestro Señor Jesucristo, quien nos ha bendecido con toda clase de bendiciones espirituales en los lugares celestiales, porque estamos unidos a Cristo» (Efesios 1:3). Pablo alaba a Dios el Padre por los muchos beneficios espirituales que les ha otorgado a aquellos que son verdaderos creyentes. Debido a que tendemos a anhelar bendiciones terrenales tangibles (una carrera exitosa, un matrimonio satisfactorio, hijos sanos, comodidades materiales), las bendiciones espirituales pueden sonar un poco abstractas o incluso aburridas. La verdad es que las bendiciones terrenales son temporales y, a fin de cuentas, inútiles separadas de las bendiciones espirituales. El comentarista Matthew Henry lo plantea muy bien: «Las bendiciones espirituales y celestiales [son] las mejores bendiciones, con las cuales no podemos ser miserables y sin las cuales no podemos ser sino eso»[5].

Antes de ver estas bendiciones espirituales, necesitamos enfocarnos en una frase pequeña pero crucial en la doxología inicial de Pablo: *en Cristo* (RVR60). Pablo usa esta frase (o alguna equivalente como *en él*) 164 veces en todos sus escritos y 10 veces tan solo en Efesios 1[6]. Queda claro que esta no es una expresión sin sentido para pasar por alto, ¡sino una con enormes implicaciones!

Cuando Pablo escribe «en Cristo», se está refiriendo a la nueva identidad del creyente como uno que está unido a Jesús (RVR60). En otras palabras, cuando una pecadora escucha la Buena Noticia del evangelio y cree, no solo se salva de la ira de Dios, sino que también se une inseparablemente a Jesús y vuelve a tener comunión con Dios el Padre a través de él. Debido a que esta gloriosa realidad es difícil de entender, la Biblia usa una serie de metáforas para ayudarnos a hacerlo: somos como ramas conectadas a Jesús, la vid (Juan 15:1-7), estamos unidas a Jesús como una esposa a su esposo (Efesios 5:22-33), Jesús es la cabeza y nosotras somos partes de su cuerpo (1 Corintios 12:12-27), y somos un templo construido con muchas piedras del cual Cristo es la piedra principal (Efesios 2:20-22). Cada imagen que generan las palabras nos ayuda a comprender lo que los teólogos llaman «unión con Cristo»[7].

El profesor del Nuevo Testamento Timothy G. Gombis lo expresa de esta manera:

> El pueblo de Dios no es simplemente amado por Dios o salvado por Dios; somos traídos de vuelta a Dios. Dios nos hizo algo escandaloso al llevarnos a Cristo para que ahora tengamos una ubicación completamente nueva en el mapa cósmico [...]. Ahora estamos «unidos a Cristo», lo que se convierte en nuestra identidad fundamental, abriendo para nosotros una gama completamente nueva de opciones para el comportamiento, las relaciones, los patrones de pensamiento y habla, y la trayectoria futura de nuestra vida. Estamos atrapados en la relación de amor que Dios comparte entre Dios el Padre y Jesucristo, su Hijo[8].

Estar unidos a Cristo significa que Jesús es nuestro representante ante Dios, de modo que todo lo que es verdad acerca de él se convierte en verdad acerca de nosotros. Es decir, la vida sin pecado de Cristo y su perfecta obediencia al Padre se cuentan como nuestras. Su muerte expiatoria en la cruz pagó nuestra inmensa deuda de pecado en su totalidad. Increíblemente, la justicia de Cristo nos es acreditada, de modo que cuando Dios mira a los creyentes, ve la perfección de su Hijo en lugar de ver portadores de su imagen estropeados por el pecado. En Cristo, nuestra posición es digna ante Dios, ¡y su corazón está lleno de amor por nosotros!

Estar *unidas a Cristo* también significa que Cristo está *en nosotras* a través del Espíritu Santo, quien habita dentro de todos los creyentes. El Espíritu Santo nos da vida espiritual a los creyentes al darnos una naturaleza completamente nueva y ayudarnos a vivir cada vez más en ella, a medida que nos alejamos del pecado y crecemos en obediencia. Esto significa que no solo somos dignas ante Dios en nuestra posición, sino que también nos estamos volviendo gradualmente dignas en nuestra práctica. Este proceso es lento y, a veces, un paso adelante y dos pasos atrás. Y cuando sentimos que el progreso es lento, es muy importante recordar nuestra posición en Cristo. Esta posición nos da confianza para acercarnos a Dios y recibir su ayuda para luchar contra el pecado que todavía queda en nosotras (Hebreos 4:16).

Beneficios de la identidad del evangelio (Unión con Cristo)

¿Te imaginas tener algo tan real y permanente que ni siquiera la misma muerte te lo pudiera arrebatar? ¿Puedes imaginar que te den una identidad en otra persona que te haga más, no menos, de lo que eres en realidad? ¿Puedes concebir que posees un valor increíble que no depende de tu rendimiento o de tus logros? ¿Puedes comprender ser increíblemente hermosa de una manera que solo aumentará en lugar de disminuir a medida que envejezcas y madures? ¡Esto es lo que tenemos en nuestra unión con Cristo! Nuestra identidad *en Cristo* nos permite abandonar la búsqueda desesperada para encontrar nuestro verdadero ser, porque fuimos encontradas por Dios en su Hijo. Nuestra unión con Cristo nos da el descanso eterno de esforzarnos por ser suficientes porque él es suficiente para nosotras, y nos está rehaciendo a su semejanza. Efesios 1:3-11 describe algunas de las muchas bendiciones espirituales que poseemos en Cristo. Son estas bendiciones las que nos dan una profunda seguridad y esperanza cuando las preguntas internas sobre nuestro propio valor nos atormentan.

Elegida

> *Incluso antes de haber hecho el mundo, Dios nos amó y nos eligió en Cristo para que seamos santos e intachables a sus ojos.*
>
> EFESIOS 1:4

Si estás en Cristo, ya no necesitas preguntarte si eres profundamente amada. Antes de que se establecieran los cimientos del mundo, Dios puso sus ojos en *ti* y *te* eligió para que fueras suya. El texto dice que él te eligió con un propósito: hacerte santa e intachable. Antes de que nacieras y hubieras hecho algo malo o bueno, Dios determinó que, a través de Jesús, él renovaría su propia imagen perfecta en ti. La Biblia afirma que Jesucristo, tanto verdaderamente Dios como verdaderamente hombre, es la imagen visible del Dios invisible (Colosenses 1:15), la impresión exacta de la naturaleza perfecta de Dios (Hebreos 1:3). Cristo es tanto la imagen suprema de Dios como la imagen suprema de lo que los seres humanos deberíamos ser. También afirma que Dios está conformando a sus elegidos a la imagen inmaculada de su Hijo (Romanos 8:29).

Amada

> *Incluso antes de haber hecho el mundo, Dios nos amó y nos eligió en Cristo para que seamos santos e intachables a sus ojos. Dios decidió de antemano adoptarnos como miembros de su familia al acercarnos a sí mismo por medio de Jesucristo. Eso es precisamente lo que él quería hacer, y le dio gran gusto hacerlo. De manera que alabamos a Dios por la abundante gracia que derramó sobre nosotros, los que pertenecemos a su Hijo amado.*
>
> EFESIOS 1:4-6

Si estás en Cristo, puedes dejar de esforzarte por demostrarte a ti misma y a los demás que eres digna de amor. Este pasaje sostiene que fue por amor que Dios decidió de antemano hacerte para siempre parte de su familia: la iglesia. Aunque el pecado te dejó huérfana espiritualmente, Dios te adoptó como su hija, dándote todo el amor, los derechos y privilegios de una verdadera hija a través de su Hijo fiel. Dios hizo esto, no porque viera algo bueno o digno de ser amado en ti, sino simplemente porque era su propósito y perfecta voluntad hacerlo. Porque Dios es amor, le agradó bendecirte en Cristo. A pesar de tu pecado, eres profundamente conocida, profundamente amada y plenamente aceptada en la familia de Dios.

Perdonada

> *Dios es tan rico en gracia y bondad que compró nuestra libertad con la sangre de su Hijo y perdonó nuestros pecados.*
>
> EFESIOS 1:7

Si estás en Cristo, puedes rechazar la creencia de que la verdadera libertad viene a través de independizarse de Dios, del rechazo y de huir de sus reglas. También puedes dejar a un lado la pesada carga de tratar de guardar perfectamente la ley de Dios con tus propias fuerzas. Es tu propia naturaleza pecaminosa, no la ley de Dios, la que te esclaviza. No puedes erradicar de tu corazón las raíces profundas de la corrupción cumpliendo reglas. Tampoco romper las reglas en rebelión ni esforzarte sin cesar por obedecerlas con tu propio poder aliviará la culpa y la vergüenza que sientes en lo profundo de tu ser. Debes enfrentar la verdad: por ti misma, no eres lo suficientemente buena, pero a través de la unión con Jesús, eres redimida y perdonada por completo. En Cristo, Dios te liberó de la esclavitud del pecado, de tu propio ser y de Satanás. La expiación sangrienta de Cristo pagó tu deuda en su totalidad de modo que puedas empezar de nuevo. Eliminó tu culpa y cubrió tu vergüenza.

Segura

> *Es más, dado que estamos unidos a Cristo, hemos recibido una herencia de parte de Dios, porque él nos eligió de antemano y hace que todas las cosas resulten de acuerdo con su plan.*
>
> EFESIOS 1:11

Si estás en Cristo, no necesitas buscar seguridad en cosas temporales como la riqueza material, el éxito profesional y la buena salud. Dios te adoptó como su hija; por lo tanto, eres su *heredera* y coheredera con Cristo (Romanos 8:17, RVR60). En Cristo, obtuviste una herencia que no cambia ni se deteriora (1 Pedro 1:4). Esto significa que tú también heredarás todo lo que Cristo hereda como Hijo supremo de Dios, y esta herencia nunca disminuye ni se pierde. ¡Estás asegurada por la eternidad!

Quizás te estés preguntando: «Bueno, ¿cuál *es* esta herencia?». Antes que nada, tu herencia es Dios mismo. Aunque debido al pecado una vez estuviste «sin Dios en el mundo» (Efesios 2:12, RVR60), en Cristo fuiste traída a una relación íntima con tu Hacedor (Efesios 2:13, 18). ¡Tienes la presencia misma de Dios por toda la eternidad

(Apocalipsis 21:3)! Segundo, tu herencia es el mundo y todo lo que hay en él. Efesios 1:10 nos dice que Dios está uniendo *todas* las cosas «que están en el cielo y también las que están en la tierra» en Cristo. Jesús está haciendo nuevas todas las cosas; un día reinará visiblemente sobre una tierra perfectamente restaurada. En Cristo, heredarás este nuevo mundo y todas las cosas buenas que hay en él. Tercero, tu herencia incluye un cuerpo físico glorificado: un cuerpo que ya no luchará con el pecado, la enfermedad y los problemas de identidad (Romanos 8:23). Este cuerpo nuevo disfrutará plenamente de Dios y de sus dones[9]. ¿Por qué motivo concedería Dios a pecadoras como nosotras una herencia tan magnífica (además de todas las demás bendiciones espirituales)? Efesios 1:12 afirma: «El propósito de Dios fue que nosotros, [...] —que fuimos los primeros en confiar en Cristo—, diéramos gloria y alabanza a Dios».

En resumen

¿Recuerdas el ensayo breve «De dónde vengo» que me pidieron que escribiera hace tantos años atrás? Lo concluí con estas palabras:

> Vengo de años de buscar mi valor en mí misma separada de Cristo, pero también vengo de años de gracia de Dios. Él se mueve de manera lenta pero segura en mi corazón y me ayuda a entender que solo una relación íntima con él a través de Jesús me definirá y me llenará verdaderamente. Vengo del Señor y de su amor, y nada me puede quitar eso.

Solo el amor de Dios en Cristo puede decirte quién eres en realidad y transformarte en quien fuiste creada para ser. Solo el evangelio tiene el poder para salvar y moldear tu alma para una vida abundante en la tierra y en la eternidad en la presencia de Dios. Porque es solo cuando el amor de Cristo se apodera de ti, cuando Cristo habita en tu corazón a través de la fe, que te llenas de la plenitud de Dios (Efesios 3:19), una plenitud que se desborda en todas las esferas de tu vida. Esta es la feminidad moldeada por el evangelio. Esta es mi oración por mí y también por ti.

Preguntas para la reflexión y el debate

1. ¿Qué categorías utilizas principalmente para describirte a ti misma y para contarles a los demás cómo pasas tus días?
2. ¿A qué categoría te sientes más tentada a mirar como fuente de tu identidad y como medida de tu valor? ¿De qué manera te sentiste decepcionada cuando intentaste hacer esto? Explica.
3. Lee Génesis 1:27-28. ¿Qué significa ser hecha a imagen de Dios y qué implicaciones tiene esto para nuestra identidad?
4. ¿De qué manera el pecado dañó la imagen de Dios en la humanidad, llevándonos a todos a una crisis de identidad?
5. ¿Cuál es la diferencia entre ser valorada y ser digna?
6. El evangelio no solo es una buena noticia para nuestra salvación eterna, sino también para nuestra identidad presente. Lee Efesios 1:3. ¿Qué significa estar unidas a Cristo? ¿Qué significa que Cristo está en nosotras?
7. Basándonos en Efesios 1:3-12, ¿de qué manera estar unidas a Cristo nos brinda la seguridad duradera de que somos profundamente deseadas, amadas, perdonadas y de que estamos a salvo?

8. ¿Estás descansando en tu identidad y valor en Cristo día a día? Pídele al Señor que te ayude a alejarte de buscar tu identidad primordial en cualquier otra cosa que no sea en él.

CAPÍTULO 3

El verdadero empoderamiento femenino

El Espíritu Santo que mora en nosotras

Y ahora ustedes, los gentiles, también han oído la verdad, la Buena Noticia de que Dios los salva. Además, cuando creyeron en Cristo, Dios los identificó como suyos al darles el Espíritu Santo, el cual había prometido tiempo atrás. El Espíritu es la garantía que tenemos de parte de Dios de que nos dará la herencia que nos prometió y de que nos ha comprado para que seamos su pueblo. Dios hizo todo esto para que nosotros le diéramos gloria y alabanza.

EFESIOS 1:13-14

ERA LA NOCHE del domingo del Supertazón en febrero del 2020 y estábamos reunidos en la sala de estar para ver el partido de fútbol. A decir verdad, estaba allí para pasar tiempo en familia más que para ver fútbol. Me dediqué a doblar la ropa, a atender a nuestro bebé y a prestarle poca atención a la televisión hasta que la música a todo volumen y las superestrellas con trajes deslumbrantes, quienes animaban el espectáculo de medio tiempo, despertaron mi interés. Dos cantantes femeninas exitosas, atractivas y en buena forma física, de cincuenta y cuarenta y tres años, acapararon la atención de millones de personas desde el escenario. Si bien su actuación llamó la atención de muchos, también causó desaprobación. Sus trajes eran tan reveladores como llamativos y, a pesar de todo el talento que poseían, sus movimientos de cadera y rutinas de baile del caño eran más que provocativas. A medida que avanzaba el espectáculo, mi esposo y yo nos sentimos cada vez más incómodos con lo que nosotros y nuestros hijos pequeños estábamos presenciando. Entonces, apagamos la televisión hasta que se reanudó el partido.

En los días posteriores al Supertazón, las redes sociales explotaron con comentarios sobre el espectáculo del medio tiempo. Algunos decían que los trajes desvergonzados y la coreografía explícita devaluaban a estas mujeres al presentarlas como objetos sexuales, independientemente de si ellas los habían elegido o no. Otros decían que el programa había empoderado a las mujeres de todo el mundo al mostrar la autonomía de estas superestrellas femeninas a través de su talento, belleza, sexualidad e influencia. Esta conversación me hizo pensar profundamente sobre el tema candente del empoderamiento femenino.

De todos modos, ¿qué es el empoderamiento femenino?

Si bien la frase trae a la mente una serie de cuestiones, el «empoderamiento femenino» (en un sentido general) significa elevar la condición de las mujeres equipándolas con *más*: más derechos, más libertad, más educación, más oportunidades, más recursos y más control sobre su vida. Esta amplia sinopsis plantea una pregunta fundamental: ¿por qué es necesario elevar el estatus de la mujer en primer lugar? No es ningún secreto que, a lo largo de la historia, e incluso hoy, muchas culturas y pueblos han denigrado y oprimido a las mujeres sin darles el valor que les corresponde como portadoras de la imagen de Dios. La debilidad del cuerpo femenino comparado con el cuerpo masculino causó que muchos vieran a las mujeres como inferiores y, tristemente, muchas mujeres tuvieron que vivir el dominio y el abuso perpetrado por sus homólogos masculinos. En su libro *El credo secular*, Rebecca McLaughlin señala que en las culturas antiguas la debilidad física de las mujeres era entendida por los hombres como una licencia para el dominio: «En el pensamiento grecorromano, los hombres eran superiores a las mujeres, y el sexo era una forma de demostrarlo [...]. La idea de que las mujeres tenían el derecho a elegir lo que le sucedía a su propio cuerpo hubiera sido ridícula»[1]. Por desgracia, en este mundo caído muchos hombres todavía usan a las mujeres como objetos para sus propios fines y placeres.

Incluso en una nación occidental moderna como los Estados Unidos de América, una nación fundada sobre la creencia de que todos los seres humanos son creados iguales y poseen ciertos derechos naturales, históricamente a las mujeres se les negaron algunas de las oportunidades y libertades otorgadas a los hombres. Las mujeres estadounidenses a principios de 1800 en su mayoría no tenían educación académica y tenían pocas oportunidades de ganarse la vida fuera del hogar; también se les negaba el derecho al voto en la mayoría de los casos y, a menudo, no podían poseer propiedades. Incluso después de la ratificación de la 19.ª Enmienda en 1920 (que les concedió a las mujeres estadounidenses el derecho al voto), muchas afrodescendientes seguían estando privadas de su derecho a votar y de otros derechos básicos.

Como mujer estadounidense, criada en un hogar de clase media alta casi dos siglos después, experimenté una realidad diferente. Mi familia, mi escuela y mi comunidad valoraban mucho la educación y las oportunidades para las mujeres. Me inscribí en cursos de excelencia académica en la escuela secundaria, tomé exámenes de ingreso a la universidad y pasé años preparándome para la educación superior. Nadé en aguas culturales que decían que una mujer podía hacer lo que quisiera: cualquier cosa que un hombre pudiera hacer y más. Era la época del «poder femenino», cuando el mundo les decía a las mujeres que podíamos tenerlo todo: una carrera satisfactoria, una familia encantadora e incluso el control sobre los hombres a través de la belleza y la destreza sexual. Hoy, el mundo grita a la generación de mis hijos que, no solo una mujer puede *hacer* todo lo que un hombre hace, sino que también puede *ser* un hombre si así lo desea. Parece que el «empoderamiento femenino» ahora también incluye la (supuesta) libertad de quebrar los límites del sexo biológico y elegir un género diferente. ¿Cómo podemos afirmar que los derechos de las mujeres son necesarios e importantes si la feminidad en sí misma es variable?

Queda claro que existe una confusión cultural sobre lo que implica el empoderamiento femenino. ¿Están las mujeres empoderadas por la educación y la igualdad de derechos? ¿Estamos empoderadas por la creencia de que en realidad no hay distinciones de género, porque podemos ser y hacer lo que queramos? ¿Estamos empoderadas por una libertad sexual «sin reglas» que no está suprimida por los tabúes o el patriarcado? Por un lado, el mundo dice que nuestro cuerpo es irrelevante y que somos más de lo que podemos ofrecerle a un hombre sexualmente, pero el mensaje funcional a las mujeres a través de todos los medios de comunicación es: «¡Sin lugar a duda es mejor que tengas un buen cuerpo y atractivo sexual!». El mundo está confundido sobre el empoderamiento femenino porque no conoce la verdadera fuente de poder de una mujer. De hecho, el mundo rechaza el único fundamento real que tenemos para los derechos de las mujeres.

El verdadero fundamento para los derechos de las mujeres

La *imago Dei* («imagen de Dios») es el único fundamento de la dignidad y el valor inherentes de cada persona humana, independientemente de la edad, sexo, raza, capacidad o cualquier otro factor. Como vimos en el capítulo anterior, los seres humanos nos distinguimos de los animales en que somos portadores de la imagen del Creador (Génesis 1:27). La *imago Dei* significa que el hombre y la mujer poseen la misma dignidad, valor, intelecto e importancia. Aunque el hombre y la mujer son diferentes en formas obvias y necesarias, ninguno es superior o inferior al otro. La igualdad entre hombres y mujeres no es una idea feminista; es una verdad bíblica. Aun así, se puede ver cómo, a lo largo de la historia de la humanidad, los portadores de la imagen de Dios actúan, a menudo, más como animales que como el Dios a quien fueron hechos para reflejar. En numerosas sociedades, quienes son físicamente más fuertes dominan y oprimen a los más débiles y vulnerables. Debido a que muchas sociedades a lo largo de los siglos carecieron de una convicción profunda con respecto a la *imago Dei*, también carecieron de una base objetiva para los derechos humanos.

La caída de la humanidad en el pecado explica el conflicto entre los sexos. Después de que Adán y Eva desobedecieran a Dios, él anunció cómo la maldición del pecado afectaría radicalmente su relación, específicamente dentro del matrimonio. En lugar de que el matrimonio fuera una hermosa complementariedad, una representación divina de la unidad dentro de la diversidad, ahora sería una lucha permanente de poder. Las esposas se resisten a sus esposos como cabeza del hogar ordenados por Dios (para el bien de ellas), y los esposos tratan a sus esposas de manera dura y dominante en lugar de amarlas y guiarlas abnegadamente (Génesis 3:16). En un sentido más amplio, los hombres en general ahora se inclinan a emplear la fuerza que Dios les dio para usar y abusar de las mujeres en lugar de honrarlas y protegerlas. Por causa del pecado, las mujeres a menudo temen a los hombres y buscan protegerse a sí mismas y gobernarlos a través de la manipulación impía y sin amor. ¡Nos hemos desviado del propósito de Dios para sus hijas e hijos de una manera desgarradora!

Esta es otra razón por la que el evangelio es tan buena noticia. Cuando Dios el Hijo se corporizó como la imagen del Dios invisible

(Colosenses 1:15), encarnó y vivió perfectamente los propósitos de Dios para sus criaturas humanas. Lo hizo, en parte, a través de la forma en que trató a las mujeres:

> Si pudiéramos leer los Evangelios a través de los ojos del primer siglo, el trato de Jesús a las mujeres nos haría caer de rodillas [...]. Ya fueran niñas o prostitutas, extranjeras despreciadas o mujeres impuras por la sangre menstrual, ya fueran casadas o solteras, enfermas (Mateo 8:14-16) o lisiadas (Lucas 13:10-16), Jesús dedicó tiempo a las mujeres y las trató con cuidado y respeto[2].

Jesús convalidó la dignidad y el valor de las mujeres acercándose a ellas en amor, sin usarlas ni abusar de ellas jamás. Las honró a la perfección al extenderles tanto la verdad como la gracia y sin ignorar ni excusar el pecado, ofreciéndoles más bien perdón completo y sanidad en él (Juan 4:1-30; Juan 8:1-11).

Si bien es evidente que Jesús convalidó a las mujeres, los escritos del apóstol Pablo a veces se consideran sexistas a primera vista. Al indagar en las cartas del Nuevo Testamento, sin embargo, podemos notar que el punto de vista de Pablo sobre las mujeres no era contrario al de Cristo. El cristianismo elevó radicalmente el estatus de la mujer en el mundo antiguo a través de su enseñanza de que la unión con Cristo iguala a hombres y mujeres de todas las clases y grupos étnicos. Pablo escribió: «Ya no hay judío ni gentil, esclavo ni libre, hombre ni mujer, porque todos ustedes son uno en Cristo Jesús» (Gálatas 3:28). Además, Pablo exhortó a las mujeres a que aprendieran (1 Timoteo 2:11), algo impactante en una cultura donde la educación era principalmente para los hombres. Enseñó a los esposos a amar a sus esposas sacrificialmente como Cristo amó a la iglesia (Efesios 5:25-26). A la vez, el apóstol

Pedro exhortaba a los esposos a vivir con sus esposas físicamente más débiles de una manera comprensiva, honrándolas como participantes «por igual del regalo de la nueva vida» (1 Pedro 3:7). Teniendo en cuenta esto, ¿es de sorprenderse que las mujeres acudieran en masa al cristianismo durante el primer siglo? La iglesia estaba compuesta por dos tercios de mujeres y aun hoy, la cantidad de mujeres es desproporcionada respecto a los hombres[3].

Rebekah Merkle nos recuerda que debemos darle el crédito a quien se lo merece, cuando escribe:

> Las feministas tratan de atribuirse el mérito de algo que es el fruto del evangelio, que se abre camino en la cultura como la levadura a través de la masa de pan. No debemos seguir permitiendo que las feministas actúen como si de alguna manera hubieran logrado nuestra igualdad. Las sociedades no convertidas nunca tratan bien a las mujeres, y eso es extraordinariamente fácil de documentar. El hecho de que las mujeres sean tratadas con respeto es un fruto que crece en una sola clase de árbol, y ese árbol es una cruz[4].

El poder divorciado de Dios no es poder en lo más mínimo

Al tratar de entender lo que empodera a las mujeres, recordemos que cualquier «poder» divorciado de la verdad, de la moralidad y del Creador todopoderoso no es un poder real en lo más mínimo. Es mentira. De esto se deduce que cualquier movimiento cultural que busque empoderar a las mujeres sin Dios y por medios contrarios a su Palabra se desviará de su curso, respondiendo a un problema de pecado (en este caso, la opresión femenina) con más pecado. Esto es lo que ocurrió en gran parte del movimiento feminista.

El feminismo de la primera ola ciertamente ganó algunos derechos importantes para las mujeres, como el derecho al voto, a poseer propiedades y a mayores oportunidades educativas. Estoy muy agradecida por tener estos derechos como mujer estadounidense en la actualidad. Aun así, es importante reconocer que algunas de las líderes más influyentes del movimiento feminista (como Elizabeth Cady Stanton, Susan B. Anthony, Margaret Sanger, Betty Friedan y Gloria Steinem) eran mujeres con una visión del mundo que se oponía por completo al evangelio cristiano. Algunas líderes fueron mucho más allá de la búsqueda de la igualdad legal y económica para las mujeres como portadoras de la imagen de Dios. Lucharon por (supuestos) «derechos» que están fundamentalmente en desacuerdo con el carácter, la ley moral y los buenos propósitos de Dios para la humanidad revelados en las Escrituras. Entre otras cosas, la «igualdad para las mujeres» de la segunda ola feminista a menudo rechazaba los distintos roles de género. Muchas feministas creían que las mujeres necesitaban ser liberadas de la opresión sexual mediante la búsqueda de un «amor libre», libre de la ética sexual bíblica o de las costumbres tradicionales. Por eso, lucharon por el derecho a abortar bebés en pleno desarrollo en el útero, quitando la vida a otros portadores de la imagen de Dios, porque creían que esto era necesario para que las mujeres poseyeran verdadera autonomía e igualdad con los hombres.

Si bien las feministas y los cristianos están de acuerdo en que las mujeres son personas valiosas y completas, iguales a los hombres en dignidad y valor, estamos en conflicto cuando se trata de nuestras creencias sobre la fuente y el propósito del verdadero empoderamiento femenino. En gran medida, el feminismo es un movimiento de mujeres que buscan empoderar a las *mujeres* en aras de realizar y glorificar a las *mujeres*. Y, francamente, el espíritu activista lleno de ira «¡Soy mujer, escúchame rugir!» que tienen muchos de los aspectos del movimiento hizo de la verdadera feminidad un desastre feo y confuso.

El cristianismo, por otro lado, es un movimiento de *Dios* por el cual su Espíritu empodera a las mujeres para que conozcan su verdadera identidad y cumplan una misión que es más grande y más gloriosa que ellas mismas. Lejos de lograrse a expensas de las mujeres, esta misión que le da la gloria a Dios produce el bien supremo para las mujeres, los hombres y todo el cosmos.

El Espíritu Santo que mora en nosotras

Como mujeres en Cristo, tenemos una fuente increíble de poder eterno. ¡El Espíritu Santo de Dios ahora habita dentro de nosotras! En Efesios 1:13-14, Pablo escribe:

> Y ahora ustedes [...] también han oído la verdad, la Buena Noticia de que Dios los salva. Además, cuando creyeron en Cristo, Dios los identificó como suyos al darles el Espíritu Santo, el cual había prometido tiempo atrás. El Espíritu es la garantía que tenemos de parte de Dios de que nos dará la herencia que nos prometió y de que nos ha comprado para que seamos su pueblo.

Pablo se refiere al Espíritu como «el Espíritu Santo, el cual había prometido» porque Cristo lo prometió de antemano. Antes de su crucifixión, Jesús prometió a sus primeros discípulos que el Padre enviaría a otro Consolador para que habitara en ellos para siempre (Juan 14:16-17). Este Ayudador los guiaría a toda la verdad (Juan 16:13). Más tarde, antes de ascender al cielo, Jesús les dijo que el Espíritu Santo vendría y daría poder a sus discípulos para que llevaran el evangelio a todos los rincones del mundo (Hechos 1:8). Las Escrituras también enseñan que cualquiera que no tenga el Espíritu Santo, en realidad, no pertenece a Cristo (Romanos 8:9). Por lo tanto, ser una mujer cristiana es estar llena del Espíritu. Toda mujer cristiana puede estar segura de que el Espíritu de Dios milagrosamente resucitó su corazón de la muerte espiritual a la vida (Juan 3:5-8) y ahora habita en su interior, sellándola, fortaleciéndola y transformándola.

¿De qué manera el sello del Espíritu nos empodera como mujeres? A decir verdad, un sello tiene varios propósitos. En primer lugar, confirma algo como genuino y verdadero. Piensa en un notario que sella un documento oficial para demostrar su legitimidad. La presencia del Espíritu en nosotras autentifica nuestra verdadera identidad *en Cristo*, verificando que somos «auténticas». El sello del Espíritu es la prueba de que el cristianismo no es solo un juego teórico de «castillos en el aire». Todo es verdadero, y lo hemos experimentado de una manera personalmente transformadora. «Pues su Espíritu se une a nuestro espíritu para confirmar que somos hijos de Dios. Así que como somos sus hijos, también somos sus herederos» (Romanos 8:16-17).

Además de confirmar que algo es genuino, un sello también marca pertenencia. Imagínate escribiendo el nombre de tu hijo en la etiqueta de su chaqueta para marcar que le pertenece a él. El Espíritu que mora en nosotras nos etiqueta como verdadera propiedad de Dios; como resultado, en verdad recibimos los beneficios espirituales que le corresponden a una verdadera hija del Padre. El Espíritu aplica los beneficios de la redención a los creyentes confirmando la salvación, y hace que las verdades generales sean poderosas realidades personales.

Por último, un sello funciona como una señal de seguridad y conservación. Imagínate un sobre sellado que mantiene el contenido seguro hasta que llegue a su destino. De manera similar, el Espíritu Santo mantiene a los creyentes firmes hasta el final, cuando Cristo regrese. Él es nuestro guardia que vela por la seguridad de nuestra herencia hasta que adquiramos la plena posesión de ella. Él es como un depósito en garantía: una promesa de que nuestra herencia eterna llegará un día en plenitud y nunca se perderá ni nos será quitada[5].

El verdadero conocimiento es poder

Pablo concluye Efesios 1 con una oración por los creyentes de Éfeso:

> No he dejado de dar gracias a Dios por ustedes. Los recuerdo constantemente en mis oraciones y le pido a Dios, el glorioso Padre de nuestro Señor Jesucristo, que les dé sabiduría espiritual y percepción, para que crezcan en el conocimiento de Dios. Pido que les inunde de luz el corazón, para que puedan entender la esperanza segura que él ha dado a los que llamó —es decir, su pueblo santo—, quienes son su rica y gloriosa herencia.
>
> También pido en oración que entiendan la increíble grandeza del poder de Dios para nosotros, los que creemos en él.
>
> EFESIOS 1:16-19

Es probable que hayas escuchado el dicho «el conocimiento es poder». Es verdad, porque no hay poder real sin el conocimiento de Dios y de su verdad. Jesús afirmó ser la verdad de Dios (Juan 14:6), y les prometió a sus discípulos que si permanecían en su Palabra y conocían la Verdad (¡él!) los haría libres (Juan 8:31-32). En general, el feminismo equipara el empoderamiento femenino con la autonomía: la libertad de la mujer para someterse solo a sí misma. Jesús, sin embargo, asegura que la verdadera libertad solo viene de conocerlo y de permanecer en su Palabra a través de la confianza y la obediencia continuas.

A pesar de las victorias obtenidas a favor de los derechos de las mujeres, las mujeres que no conocen a Dios en Cristo no son libres en verdad; siguen siendo esclavas del pecado (Juan 8:34). Pero el Espíritu Santo rompe las ataduras del pecado cuando da vida a quienes están muertos espiritualmente, revelando a los creyentes la verdad acerca de

Dios y de ellos mismos. ¡Luego les concede el poder de responder en obediencia basándose en este conocimiento! Pablo ora que el Espíritu haga sabios a los creyentes mostrándoles continuamente la esperanza a la que fueron llamados, las riquezas de su herencia y el gran poder que poseen para vivir una vida santa.

Esperanza de un mundo nuevo

Demasiadas mujeres se han enfrentado a injusticias, abusos y opresión brutales en este mundo arruinado en el cual vivimos. Sin lugar a duda, las cosas no son como deberían ser. Pero nuestra esperanza no está puesta en mujeres quebrantadas que dirigen un mundo roto; ¡está puesta en Cristo gobernando un mundo nuevo! Quienes están en Cristo conocen el plan final para todo el cosmos: «Dios reunirá todas las cosas y las pondrá bajo la autoridad de Cristo, todas las cosas que están en el cielo y también las que están en la tierra» (Efesios 1:10). En la consumación de la historia del mundo, Jesús regresará a la tierra y traerá la reconciliación cósmica, ordenando todas las cosas y haciéndolas nuevas (Colosenses 1:20). En ese momento, resucitará a los muertos de sus tumbas y reunirá a todos aquellos que le pertenecen en el cielo y en la tierra. Juzgará y erradicará el mal, ordenando el mundo mediante el establecimiento de un reino armonioso, contra el cual las puertas del infierno no pueden prevalecer. En este reino nuevo, hombres y mujeres vivirán y reinarán juntos como hermanos y hermanas en perfecta armonía y amor[6].

El empoderamiento femenino en este mundo no es la esperanza a la que fuimos llamadas, porque las mujeres no pueden, a fin de cuentas, arreglar todo lo que está mal. Las mujeres no pueden corregir la condición humana ni redimir el cosmos. No podemos ni curar todas las heridas del abuso ni liberar a todos los cautivos. El empoderamiento femenino no puede traer justicia perfecta por los pecados cometidos contra las mujeres ni por los pecados que las mujeres cometieron contra otros. Pero Jesús puede… y lo hará. Esta es nuestra máxima esperanza en este mundo arruinado.

Riquezas de identidad y herencia

En Cristo no solo *poseemos* una herencia, *somos* una herencia. Somos la herencia de Dios: un pueblo escogido para su propia posesión (1 Pedro 2:9). Cuando Pablo ora que los cristianos de Éfeso sepan «cuáles [son] las riquezas de la gloria de su herencia en los santos» (Efesios 1:18, RVR60), los comentaristas dicen que podría estar refiriéndose a la herencia que poseen los creyentes o a la herencia que *son* los creyentes. El griego original permite cualquiera de las dos interpretaciones[7]. Independientemente de lo que Pablo tenía en mente aquí, ambas son verdades gloriosas. ¡Y las implicaciones son enormes! El hecho de que seamos la herencia escogida de Dios significa que tenemos un valor incalculable para él. ¡Somos preciosas para el Dios que nos hizo y nos redimió! Como hijas amadas de Dios, también se nos dio una herencia que está más allá de lo que podemos imaginar. Poseemos las muchas bendiciones espirituales de nuestra nueva identidad en Cristo y las riquezas futuras de la vida venidera.

Una mujer que en verdad está segura de su identidad y herencia en Cristo tiene un gran poder. Esa mujer está libre de la presión agobiante de usar su tiempo y energía para demostrar su valor, de exigir sus derechos y promocionarse a sí misma. Esa mujer está libre de los esfuerzos interminables para hacerse un nombre o amasar riquezas terrenales. Debido a que ella está cimentada en su verdadera identidad y herencia, su mirada está cautivada por Cristo en lugar de por sí misma. Él satisfizo su alma y le dio el Espíritu Santo, quien es como ríos de agua viva que brotan de su corazón (Juan 7:38-39), empoderándola para que se derrame en servicio a los demás.

La grandeza de un poder al revés

La sociedad demostró la capacidad de las mujeres para romper los techos de cristal, pero se necesita el empoderamiento del Espíritu para dar nuestra vida por los demás en silencio y con alegría cada día. Hemos demostrado que las mujeres poseen el intelecto y la ética de trabajo necesarios para tener éxito en casi cualquier carrera, pero ninguna cantidad de empoderamiento femenino puede protegernos de calcular nuestro valor según algo tan inestable como el éxito corporativo o la seguridad financiera. El feminismo nos dio la ilusión de un control completo sobre nuestro cuerpo, sexualidad y reproducción, pero solo el Espíritu de Dios nos da autocontrol para negarnos a satisfacer todos los deseos de la carne. Solo él nos ayuda a negarnos a usar la belleza, la falta de pudor y el atractivo sexual como fuentes de poder sobre los hombres o como medios para asegurar nuestros propios sentimientos de validación. Es el Espíritu Santo quien nos permite encontrar consuelo en la verdad impopular de que la verdadera libertad solo se encuentra dentro de los buenos límites de Dios.

Debido a que las mujeres cristianas están empoderadas por el Espíritu Santo, no necesitamos buscar sin cesar el empoderamiento femenino mundano. ¡En nosotras habita el mismo poder de Dios que obró cuando resucitó a Cristo de entre los muertos y lo sentó en el cielo sobre todas las potestades! (Efesios 1:20-21). Este es un poder sobrenatural de resurrección al revés, por el cual morimos a diario a nosotras mismas y somos resucitadas para vivir para Cristo y su gloria. Este es un fin mucho más grande y mejor que *nosotras mismas*. El Espíritu Santo que mora en nosotras nos faculta para hacer morir el pecado que permanece en nuestro corazón y para luchar contra las fuerzas del mal que trabajan para mantenernos ciegas, débiles, ensimismadas e infructuosas. Él nos equipa para llevar a cabo las buenas obras que Dios preparó de antemano para que hiciéramos con el propósito de edificar su reino en la tierra (Efesios 2:10).

En resumen

Cuando pienso en el espectáculo de medio tiempo del Supertazón del 2020, me entristece que esas superestrellas, esas artistas orgullosas y provocativas (y quienes las elogian), no sepan nada de la verdadera libertad y poder. ¿Son mujeres hermosas y talentosas? Sin lugar a duda. ¿Ejercen una amplia influencia debido a su fama? Sin duda. Pero su vida proclama el falso poder de no depender de Dios: un autogobierno autodeclarado que expone, hace alardes, exige y busca controlar. Es desgarrador el hecho de que estas mujeres no hayan experimentado el poder de la resurrección que resucita a los muertos y convierte a quienes en verdad se arrepienten en nuevas personas. No saben nada del poder que silenciosa y sobrenaturalmente subvierte las fuerzas del mal, el poder que les permite a los creyentes entregar por voluntad propia su vida al servicio de Cristo para ser elevados a la victoria eterna. No tienen ojos para ver ni corazones para experimentar el poder que está haciendo que el mundo entero sea nuevo. Pero nosotras sí. Como mujeres en Cristo, el Espíritu Santo mora en nosotras y estamos al tanto de su poder que transforma vidas y cambia el mundo todos los días. Hermanas, tenemos algo mejor que el empoderamiento femenino. El Espíritu Santo es el poder que proclamamos.

Preguntas para la reflexión y el debate

1. ¿Alguna vez te sentiste confundida acerca de lo que *en realidad* empodera a las mujeres? Anota o habla sobre algunas formas en que el mundo define el empoderamiento femenino, pero que a la vez también envía mensajes confusos al respecto.

2. ¿Cuál es la única base real para los derechos de las mujeres y para todos los derechos humanos? ¿Por qué?

3. Muchas mujeres cristianas no saben qué pensar sobre el movimiento feminista. Parece una mezcla de cosas buenas (por ejemplo, ganar el derecho al voto para las mujeres) y malas (por ejemplo, rechazar la ética sexual cristiana). ¿De qué manera el movimiento fue perjudicial para las mujeres? ¿De qué manera fracasó en lo que respecta a empoderar a las mujeres? (Recuerda que el poder divorciado de Dios no es poder en lo más mínimo).

4. Lee Juan 14:16-17 y Efesios 1:13-14. ¿De qué manera el ser selladas por el Espíritu Santo que mora en nosotras nos empodera como mujeres? (Recuerda los tres propósitos del sello).

5. Lee la oración de Pablo en Efesios 1:16-19. ¿Qué le está pidiendo a Dios que haga por los creyentes a través del Espíritu Santo? Explica cómo, bíblicamente hablando, el conocimiento es poder.

6. Pablo ora que el Espíritu ilumine a los creyentes para que en verdad conozcan la esperanza, las riquezas y el poder que son suyos en Cristo. Lee Efesios 1:9-10. ¿De qué manera la promesa de Dios de unir todas las cosas en Cristo nos da esperanza?

7. Una mujer que está segura de su identidad y de su herencia en Cristo tiene un gran poder. ¿De *qué* es libre y *para qué* es libre?

8. Tómate un tiempo para orar Efesios 1:16-19. Pídele al Padre que te ilumine y te empodere a través de su Espíritu Santo.

CAPÍTULO 4

Parte de la familia

Pertenecer a Cristo y a los demás

Pero ahora han sido unidos a Cristo Jesús. Antes estaban muy lejos de Dios, pero ahora fueron acercados por medio de la sangre de Cristo. [...]

Así que ahora ustedes [...] ya no son unos desconocidos ni extranjeros. Son ciudadanos junto con todo el pueblo santo de Dios. Son miembros de la familia de Dios.

EFESIOS 2:13, 19

NUNCA OLVIDARÉ EL DÍA en que un juez declaró a nuestro cuarto hijo legal y oficialmente parte de nuestra familia para siempre. ¡Fue un día de celebración y regocijo! ¡Respiramos profundamente aliviados! Habíamos esperado con esperanza y orado por el día de la adopción de Cameron durante bastante tiempo, y por fin había llegado.

A través de eventos ordenados por un Dios soberano, Cameron vino a vivir con nosotros cuando tenía solo tres meses y medio; mucho antes de que lo adoptáramos. Vino a nosotros en circunstancias dolorosas y difíciles. Desde el momento en que llegó a nuestro hogar, lo amamos como si fuera nuestro. Lo valoramos y cuidamos de él exactamente como lo hacíamos con nuestros tres hijos biológicos. Y oramos. Primero, suplicamos a Dios que sanara y restaurara a la familia biológica de Cameron, la cual estaba rota. En segundo lugar, oramos que (si nuestra primera petición no era la voluntad soberana de Dios) hiciera de Cameron parte de nuestra familia para siempre.

Todas las personas que están en el proceso de adoptar a un niño o una niña coinciden en que anhelan el día en que los lazos familiares sean oficiales. Sea que el niño o la niña ya esté bajo su cuidado o que estén esperando verle la cara por primera vez, quienes atraviesan el proceso de adopción anhelan el día en que esa criatura comparta su apellido y sea parte de la familia legalmente. Los padres adoptivos entienden lo vital e importante que es que la criatura tenga estabilidad familiar. Los niños necesitan cuidadores confiables y constantes y un grupo estable de personas a quienes llamar «hogar». Necesitan un refugio en el que sean libres y estén seguros para ser ellos mismos; donde puedan amar y ser amados. Los niños necesitan un lugar al cual pertenecer en realidad. Ellos no son los únicos que lo necesitan.

No es bueno estar sola

Casi todos los psicólogos seculares están de acuerdo en que las relaciones humanas y el sentido de pertenencia son necesidades humanas importantes. Muchos desarrollaron teorías para explicar la razón de esta necesidad a través del lente de la evolución. Algunos postulan que los humanos desarrollaron la necesidad de pertenecer a grupos más grandes porque era esencial para su supervivencia. Al vivir en comunidad con otras personas les resultaba más fácil buscar alimentos y refugio, estaban más protegidos de los ataques de los depredadores y podían reproducirse y criar con éxito a los hijos[1].

Como cristianas que entendemos nuestros orígenes a través del lente de las Escrituras, sabemos que la necesidad humana de relaciones y pertenencia deriva de una fuente mayor que nuestra propia fragilidad y lucha por la supervivencia. El eterno Dios Creador es comunitario en su propia esencia y naturaleza. En una unión misteriosa, Dios existe como tres personas distintas: Dios el Padre, Dios el Hijo y Dios el Espíritu Santo. Estas tres personas de la Trinidad viven juntas en perfecta comunión, armonía y amor. Debido a que Dios es relacional en su propio ser, los seres humanos hechos a su imagen también somos relacionales. Como seres humanos, fuimos diseñados para vivir en comunión abierta y gozosa tanto con Dios como entre nosotros.

En el relato rítmico de la creación, el cual se encuentra en Génesis 1, Dios examina a diario su obra a lo largo de seis días, y seis veces declara que es *buena*. Después de formar a la humanidad, el Creador vuelve a contemplar todo lo que había creado y declara que todo es *muy bueno* (Génesis 1:31). Es en Génesis 2 que Dios dice por primera vez que algo *no es bueno*. Después de formar a Adán del polvo de la tierra y encargarle que trabajara y cuidara el jardín, Dios le dice: «No es bueno que el hombre esté solo. Haré una ayuda ideal para él» (Génesis 2:18). Luego crea a Eva como el complemento perfecto de Adán y, a través de su posterior unión matrimonial (Génesis 2:24-25), establece la primera familia. Dios les ordena a Adán y a Eva que sean fructíferos y se multipliquen; que tengan hijos, los cuales tendrán hijos que tendrán más hijos y, a fin de cuentas, poblarán el mundo (Génesis 1:28). Esta fue la solución *buena* de Dios para la soledad de Adán *que no era buena*.

La familia (padres e hijos, abuelos, tías y tíos, primos, sobrinas y sobrinos) siempre fue una parte importante del plan de Dios para la comunidad humana y las relaciones en general. Las familias son los cimientos de sociedades enteras, el grupo más básico al que debe pertenecer una persona. Una nueva vida debe comenzar y crecer dentro de una familia; este es el primer lugar donde cada individuo debe experimentar el gozo de conocer y ser conocido, amar y ser amado. En el núcleo familiar es donde los seres humanos deben aprender a conocer a Dios mismo.

Este plan para la familia suena bastante encantador y bastante idealista, ¿verdad?

A pesar de todas las fotos felices publicadas en las redes sociales, ninguna familia humana coincide perfectamente con el ideal de familia. La familia es *difícil* y, dolorosamente, puede fracturarse irreparablemente. Esta es una de las razones por las que la adopción de niños es necesaria en primer lugar. Las familias, destinadas a ser refugios seguros de amor y pertenencia, pueden infligir un dolor que deja heridas profundas. Es muy posible sentirse sola, incomprendida y desconocida en tu propia familia. Incluso las familias más sanas y estables se enfrentan a los desafíos y las dificultades de las personas pecadoras que viven juntas y, a fin de cuentas, se enfrentan a la separación que trae la muerte. Por estas razones, es crucial recordar que, si bien la familia terrenal es importante, no es lo definitivo. La mamá, el papá y dos hijos viviendo juntos en una casa pintoresca con una cerca blanca no es el objetivo final de Dios para la familia. Nuestras familias naturales siempre tuvieron el propósito de llevarnos a una realidad mayor.

Separación de Dios y de los demás

Mi papá y sus cuatro hermanos vendieron recientemente la casa de su infancia, «Camp Mt. Olive», una extensa propiedad de dos hectáreas y media en un pequeño pueblo de Misisipi. El vasto jardín delantero recibía la sombra de altos nogales y de un roble gigante. Los jardines de flores y verduras, la piscina, la cancha de tenis, la hamaca, la casa de juegos y el columpio del árbol gigante sumaban a la grandeza de este «País de las maravillas» de la infancia. Aunque la casa de mis abuelos era difícil de superar, en realidad fueron las personas la que la hicieron tan especial. «Camp Mt. Olive» fue el sitio de alegres reuniones familiares durante años. Fue el hogar donde una gran familia, repartida por el sureste de los Estados Unidos, regresaba varias veces al año para pasar tiempo juntos y además comer abundantemente. Perder «Camp Mt. Olive» fue casi tan malo como perder a mis propios abuelos, porque fue un duro recordatorio de que incluso las mejores familias terrenales no son para siempre. Al final, la separación es inevitable.

La separación es una de las consecuencias más perjudiciales de la caída de la humanidad en el pecado. Cuando Adán y Eva se rebelaron, primero fueron separados de Dios: desterrados del jardín y de su presencia vivificante (Génesis 3:23-24). El pecado creó un muro divisorio de hostilidad entre Dios y la humanidad, lo que a su vez condujo a numerosas líneas divisorias entre los seres humanos. En este mundo, no solo experimentamos la disolución de la familia, sino que también nos enfrentamos a la dura realidad de las naciones, los grupos étnicos y los individuos en guerra entre sí. Los horrores del abandono, el divorcio y la orfandad son conocidos por muchos. Experimentamos el rechazo, el exclusivismo y el ostracismo de varias amistades y grupos. El conflicto y la soledad son realidades universalmente experimentadas y, en muchos casos, dejan a su paso ruinas catastróficas.

Como seres humanos, no solo experimentamos estas divisiones, sino que también las causamos. Si bien podemos sentirnos seguras de que no hemos contribuido al terrorismo ni a las guerras mundiales, ¿no hemos contribuido con los conflictos en nuestras comunidades, vecindarios, amistades y familias? Debido al pecado, las disputas y las divisiones son naturales, mientras que la armonía y la unidad son antinaturales. Somos propensas a construir muros que excluyen en lugar de abrir puertas para incluir. Formamos exclusivismos sociales con aquellos que se ven, piensan y actúan como nosotros, evitando a aquellos que son diferentes o con quienes podríamos estar en desacuerdo. Seleccionamos lo que compartimos en nuestras redes sociales para que haga eco de las ideologías que se adaptan a nuestras preferencias y creencias personales, erigiendo vallas basadas en criterios políticos, teológicos y diferencias sociológicas. Permitimos que los desacuerdos menores con los demás se intensifiquen rápidamente y destruyan relaciones valiosas en el proceso.

Con tanta división, no es de extrañar que la soledad prevalezca y todos estemos desesperados por encontrar la pertenencia para la que fuimos diseñados. Nadie quiere estar solo, y nadie está destinado a estar solo. Dentro de cada mujer hay un profundo deseo de acercarse a los demás y encontrar una verdadera *pertenencia*; de ser parte de algo más grande que ella misma. Pero ¿dónde podemos encontrarla? Si la división y la soledad existen incluso en las mejores relaciones humanas ordenadas por Dios, ¿cuál es la respuesta a este inmenso problema de la separación? La respuesta corta es el evangelio.

Plan de restauración: Israel del Antiguo Testamento

Recordarás que la primera familia de la historia, Adán y Eva, fue separada de Dios porque se rebelaron contra él. Como representante de toda la raza humana, Adán sumió a toda la humanidad en esta misma separación de su Creador. En su misericordia, Dios no se dio por vencido con respecto a sus hijos humanos; su plan de restauración se centró en una nueva familia.

Años después de la expulsión de Adán y Eva del jardín, Dios llamó a un hombre pagano para que dejara su hogar y fuera a una nueva tierra. Dios bendijo a Abraham. Le prometió darle numerosos hijos, quienes con el tiempo formarían una gran nación. Dios garantizó que, a través de Abraham, todas las familias de la tierra serían bendecidas (Génesis 12:1-3). Con el tiempo, los descendientes de Abraham formaron la nación de Israel (Éxodo 19:4-6). Como pueblo elegido, los israelitas poseían beneficios que ninguna otra nación o pueblo del mundo disfrutaba: tenían acceso a Dios mismo. Dios le dio a Israel la ley para mostrarles su carácter santo y enseñarles cómo vivir en relación con él. Les dio sacerdotes para que sirvieran de mediadores entre un Dios santo y gente pecadora. La presencia de Dios moró con Israel en el tabernáculo y luego en el templo. Le dio a su pueblo promesas de pacto, a saber, la promesa de un Mesías venidero que les daría la salvación y la gloria eternas (Romanos 9:4).

Dios escogió a Israel para llevar a cabo su misión de restauración en la tierra. Les concedió favor y «beneficios familiares» para que pudieran canalizar su bendición a todo el mundo. Israel fue apartado para sacar a otras naciones y pueblos de la separación y llevarlos de regreso a la relación con Dios. Lo triste es que fracasaron en esta misión. La nación desobedecía continuamente la ley de Dios, quebraba el pacto con él y no vivían como verdaderos hijos de Dios (Oseas 1:9). El pueblo de Dios se fue al destierro, una vez más separado de aquel que los llamó y los redimió (Isaías 5:5, 13). A pesar de que Israel fracasó, sin embargo, el plan de restauración de Dios no lo hizo. Como verás, fue a través de la nación de Israel que Jesús el Mesías vino al mundo.

Misterio revelado: La iglesia del Nuevo Testamento

¿Alguna vez sentiste un matiz de superioridad por ser parte de «el grupo»? O tal vez experimentaste el dolor de ser expulsada de un determinado grupo al que anhelabas unirte. Cuando Pablo escribió a la iglesia en Éfeso, lo hizo en el contexto de una profunda tensión racial entre los creyentes judíos y los gentiles (no judíos). Los cristianos judíos se sentían superiores debido a los «beneficios familiares» que habían recibido como el pueblo de Dios del antiguo pacto, mientras que los gentiles «en esos tiempos [...] vivían apartados de Cristo. No se les permitía ser ciudadanos de Israel, y no conocían las promesas del pacto que Dios había hecho con ellos. [...] Vivían en este mundo sin Dios y sin esperanza» (Efesios 2:12). Aunque no todos los israelitas étnicos tenían una relación salvadora con Dios por fe (Romanos 9:6-8), ser israelita bajo el antiguo pacto significaba experimentar el bien general de estar en el grupo de Dios. Israel poseía la bendición, el amor, las promesas y la presencia de Dios; por lo tanto, los ciudadanos de esta nación tenían (al menos) *acceso* a la fuente de la verdadera esperanza. Los gentiles, quienes no tenían estas ventajas, estaban separados de la familia de Dios y no tenían acceso a sus promesas. Es decir, hasta que la vida, muerte y resurrección de Cristo cambiaron todo.

Como parte del grupo original, los creyentes judíos despreciaban a los cristianos gentiles que no habían adoptado las costumbres del judaísmo del Antiguo Testamento, como la circuncisión. Pablo explica que «el misterio de Cristo», una vez oculto pero ahora revelado, reconcilia estas tensiones (Efesios 3:4-5). Por la fe en la obra terminada de Jesús en la cruz, tanto los judíos *como* los gentiles se convierten en miembros de la familia de Dios, la iglesia: «Y el plan de Dios consiste en lo siguiente: tanto los judíos como los gentiles que creen la Buena Noticia gozan por igual de las riquezas heredadas por los hijos de Dios. Ambos pueblos forman parte del mismo cuerpo y ambos disfrutan de la promesa de las bendiciones porque pertenecen a Cristo Jesús» (Efesios 3:6). En otras palabras, el nuevo «grupo» de Dios incluye tanto a los judíos como a los gentiles que están *en Cristo* por fe.

Al principio de la carta, Pablo les recordó a los gentiles cuánto había cambiado su estatus:

> Pero ahora han sido unidos a Cristo Jesús. Antes estaban muy lejos de Dios, pero ahora fueron acercados por medio de la sangre de Cristo. Pues Cristo mismo nos ha traído la paz. Él unió a judíos y a gentiles en un solo pueblo cuando, por medio de su cuerpo en la cruz, derribó el muro de hostilidad que nos separaba. Lo logró al poner fin al sistema de leyes de mandamientos y ordenanzas. Hizo la paz entre judíos y gentiles al crear de los dos grupos un nuevo pueblo en él. Cristo reconcilió a ambos grupos con Dios en un solo cuerpo por medio de su muerte en la cruz, y la hostilidad que había entre nosotros quedó destruida. Cristo les trajo la Buena

> Noticia de paz tanto a ustedes, los gentiles, que estaban lejos de él, como a los judíos, que estaban cerca. Ahora todos podemos tener acceso al Padre por medio del mismo Espíritu Santo gracias a lo que Cristo hizo por nosotros.
>
> EFESIOS 2:13-18

Cuando Jesús entregó su Espíritu en la cruz, la cortina del templo se rasgó de arriba abajo (Mateo 27:51). Este velo rasgado, el cual anteriormente prohibía la entrada a la presencia de Dios, ahora señalaba que *todos* los pecadores que confíen en Jesús por fe pueden acercarse a Dios. El cuerpo quebrantado de Jesús rompió la barrera de separación entre Dios y la humanidad. Su sangre derramada abrió el camino para que personas de todas las etnias volvieran a Dios como hijos e hijas amados. Además, la obra de Cristo en la cruz restaura la relación de los seres humanos distanciados al reconciliar a quienes creen en un cuerpo llamado iglesia (Efesios 1:22-23, Efesios 2:16). El pecado erige muros en las relaciones humanas, pero Cristo los derriba. Él restaura la unión parecida a la unión de la Trinidad para la cual los seres humanos fuimos creados. El teólogo Gregg Allison lo expresa de esta manera: «De hecho, la iglesia es una recreación trinitaria: el pueblo de Dios, el cuerpo de Cristo y el templo del Espíritu Santo»[2].

Parte de la gran familia invisible

Si estás en Cristo, la realidad de aquellos primeros cristianos es tu realidad también:

> Así que ahora ustedes, los gentiles, ya no son unos desconocidos ni extranjeros. Son ciudadanos junto con todo el pueblo santo de Dios. Son miembros de la familia de Dios. Juntos constituimos su casa, la cual está edificada sobre

> el fundamento de los apóstoles y los profetas. Y la piedra principal es Cristo Jesús mismo. Estamos cuidadosamente unidos en él y vamos formando un templo santo para el Señor. Por medio de él, ustedes, los gentiles, también llegan a formar parte de esa morada donde Dios vive mediante su Espíritu.
> **EFESIOS 2:19-22**

Como cristianas, no solo pertenecemos al Señor, sino que también pertenecemos a su pueblo. Este es un aspecto impactante de nuestra identidad. Una vez estuvimos extraviadas, separadas de Dios por el pecado, pero ahora somos miembros de su familia; parte de su «grupo». Los teólogos llaman a la familia de Dios «la iglesia universal» o «la comunidad de todos los verdaderos creyentes de todos los tiempos»[3]. La iglesia universal está formada por todos los portadores de la imagen redimidos, mujeres y hombres, niñas y niños, de todas las generaciones y nacionalidades para toda la historia. Está compuesta por personas en el cielo (Hebreos 12:22-23) y por personas en la tierra: todos aquellos que Dios recuperó para sí mismo a través de Cristo.

Los miembros de la familia de Dios pueden tener pocos puntos en común aparte de Cristo, pero *en él* están espiritualmente unidos como una familia para siempre. Todos los miembros de esta familia a través del espacio y el tiempo están unidos al mismo Salvador por una fe común, y todos comparten el mismo Espíritu Santo[4]. Esto significa que Abraham, los cristianos gentiles de Éfeso, el apóstol Pablo, mis abuelos, la anciana que se sentaba en la parte de atrás de la iglesia, la adolescente que acaba de entregar su vida a Cristo, tú, yo y muchos otros somos parte de la misma familia para siempre. Efesios 4:4-6 afirma: «Pues hay un solo cuerpo y un solo Espíritu, tal como ustedes fueron llamados a una misma esperanza gloriosa para el futuro. Hay un solo Señor, una sola fe, un solo bautismo, un solo Dios y Padre de todos, quien está sobre todos, en todos y vive por medio de todos».

Considera esto: si estás en Cristo, verdadera, profunda y eternamente perteneces a una familia que nunca puede romperse. Esta familia es indestructible porque se mantiene unida por un Padre amoroso que se acerca a los hijos alejados a través de su único Hijo sin pecado, sellándolos como suyos para siempre con el Espíritu Santo. Esta realidad no cambia según lo que hagas, dónde vivas o a qué iglesia vayas. Tu verdadera pertenencia a la familia de Dios no fluctúa ni siquiera cuando tu *sentido* de pertenencia lo haga debido a la soledad, conflictos interpersonales o separación de los demás. Eres una parte integral de algo más grande que tú misma y ni siquiera la muerte puede quitarte esta pertenencia.

En su libro *A Place to Belong* (Un lugar al cual pertenecer) Megan Hill escribe:

> Dios nunca tuvo la intención de que su pueblo fueran individuos aislados. Cuando pertenecemos a Cristo, pertenecemos a una inmensa familia que se extiende desde Adán, Noé y Abraham y hasta la multitud celestial que nadie podía contar (Apocalipsis 7:9). Pero nuestro lugar en esta familia no es abstracto ni teórico [...]. Tomamos nuestro lugar en la familia de Cristo al tomar nuestro lugar en la iglesia local[5].

Parte de la pequeña familia visible

Tal vez después de leer la sección anterior, estés pensando: «¿Qué tiene de grandiosa una familia gigante dividida por el espacio y el tiempo, una familia que ni siquiera puedo ver? ¿De qué manera esta realidad espiritual comienza a remediar todo el conflicto, la separación y el aislamiento en mi vida y en el mundo de hoy?». O tal vez te inclinas hacia el otro extremo del espectro y piensas: «Tengo un núcleo familiar estable y feliz. Amamos a Jesús, nos amamos los unos a los otros y nos dedicamos a vivir juntos. No me siento aislada en este momento. Seguro, es genial ser parte de la iglesia universal, pero estoy bastante satisfecha con mi propia gente».

Independientemente de dónde te encuentres en este espectro, es probable que hayas escuchado a alguien decir algo así como: «Tengo a Jesús y eso es suficiente para mí. Yo no necesito a la iglesia. Y a fin de cuentas, está llena de hipócritas. No puedo ser parte de una religión organizada». Si bien las verdades bíblicas que comuniqué acerca de la iglesia universal pueden sonar como un galimatías metafísico, demasiado abstractas para hacer algún bien en la tierra, debemos recordar que Dios en su gracia hizo *visible* a la iglesia invisible a través de las iglesias locales.

Una iglesia local es una representación más pequeña y visible de la comunidad total de la iglesia universal. Las iglesias locales son rostros familiares que podemos ver, manos que podemos estrechar, estómagos que podemos alimentar y bebés que podemos mecer... todos reunidos. Cada congregación local, independientemente de su tamaño, es una manifestación, un microcosmos en un lugar y tiempo particulares de la iglesia universal[6]. Cuando los autores del Nuevo Testamento escribieron a iglesias locales específicas, no concebían que una persona estuviera *en Cristo* sin ser un miembro activo de una comunidad local. Las Escrituras son claras: la unidad que compartimos con todos los creyentes en la iglesia universal debe vivirse en la práctica con un grupo específico de creyentes que forman una congregación local. Estar *en Cristo* es ser parte de su cuerpo y amar a Cristo es amar a su iglesia de maneras tangibles.

En otras palabras, debido a que Cristo derribó el muro de separación y nos dio una pertenencia inquebrantable a la familia de Dios, tenemos tanto el deber como el glorioso privilegio de vivir esa realidad en un contexto local donde se proclama la Palabra de Dios. Las personas de nuestra iglesia local son *nuestra* gente, nos pertenecen y pertenecemos a ellos. Son aquellas personas con quienes podemos adorar, servir, orar, comer, tener compañerismo, vivir en armonía y practicar los cincuenta y tantos mandamientos «unos a otros» de las Escrituras. La iglesia local es donde debemos conocer y ser conocidas, amar y ser amadas.

Todavía no perfeccionadas

A medida que escribo, ya puedo prever algunas de las preguntas y objeciones que pasan por tu mente. Me anticipo a considerarlas porque yo misma luché con ellas. Si la iglesia es la familia restaurada de Dios y tiene la intención de manifestar que Dios revirtió la separación por causa del pecado, ¿por qué la vida familiar en nuestras iglesias sigue siendo *tan* difícil? Tristemente, experimentamos conflictos, divisiones y soledad en nuestras iglesias locales (tal como sucedía en las iglesias del primer siglo). Lo que es más espeluznante es que algunos incluso sufrieron abusos a manos de algún miembro de la iglesia. El dolor que causan estas experiencias e injusticias es especialmente desgarrador porque *sabemos* que Dios tiene la intención de que la unidad y el amor caractericen a su familia, y estamos conscientes de que no es así. A estas alturas, es crucial recordar que la perfecta unidad espiritual que compartimos dentro de la iglesia universal aún no se ha perfeccionado a un nivel palpable y visible en la iglesia local. Esto se debe a que cada pecador redimido aún no fue perfeccionado. Aunque estamos *en Cristo*, todavía luchamos con el pecado que permanece. Además del pecado que traemos los cristianos, también hay lobos entre las ovejas dentro de las iglesias locales (Hechos 20:29-30). Algunas personas en nuestras congregaciones siembran destrucción porque en verdad no le pertenecen a Cristo. Esta realidad será revelada y juzgada cuando él regrese (Mateo 25:31-33). Para quienes *estamos* en Cristo, sin embargo, viene un día en que nuestra justicia personal y, por consiguiente, nuestra unidad práctica serán perfeccionadas[7]. Por ahora, debemos esperar, orar y trabajar por lo que aún no vemos, esperándolo con paciencia (Romanos 8:24-25).

Mientras esperamos, podemos vivir en esta gloriosa realidad dentro de nuestras iglesias locales en este momento, aunque de manera imperfecta. Tal vez deseas que tu iglesia viviera más como la iglesia del primer siglo, compartiendo la vida diaria y los bienes materiales con regularidad (Hechos 2:42-47). Tal vez deseas que la vida comunitaria no fuera tan desordenada y que los cristianos no fueran todavía tan propensos a la controversia. Tal vez anhelas experimentar mayores *sentimientos* de pertenencia y deseas que tu familia de la iglesia erradicara por completo la soledad que te atormenta.

Estos no son necesariamente malos anhelos, sino que apuntan al perfecto sentido de pertenencia que experimentaremos cuando el reino de Cristo venga en plenitud a la tierra. Mientras tanto, tengamos cuidado de no idolatrar el ideal celestial a expensas de los hermanos y hermanas que Dios nos dio para amar y servir hoy. Cristo ama a la iglesia por la cual murió; iglesia que un día se presentará a sí mismo «sin mancha ni arruga ni ningún otro defecto» (Efesios 5:27). Por lo tanto, debemos amarla tal como es ahora mismo. Amamos a la iglesia *siendo* la iglesia; haciendo «todo lo posible por mantener[nos] unidos en el Espíritu y enlazados mediante la paz» (Efesios 4:3) mientras nos servimos desinteresadamente los unos a los otros.

Entonces, el próximo domingo por la mañana busca a la persona que se sienta sola y salúdala. Envía ese mensaje de texto. Lleva la comida a alguien que necesita. Abre tu casa y tu mesa con frecuencia. Sirve en el cuidado de niños. Comienza el ministerio donde veas un vacío. Ora por tus hermanas y hermanos. Comprométete con tu comunidad local y no saltes de iglesia en iglesia a la primera señal de problemas. La vida familiar en la iglesia local nunca será fácil ni totalmente satisfactoria en este lado de la eternidad. Pero las imperfecciones no cambian la hermosa realidad que Dios estableció ni la hacen menos gloriosa. ¡Una vez estabas lejos, y Cristo te acercó a Dios y a su pueblo! El gozo vendrá a medida que participes en esa realidad.

En resumen

Poco después de que Cameron vino a vivir con nosotros, comencé a orar que Dios lo trajera oficialmente a nuestra familia para siempre. Pero no terminé mi oración ahí. Garabateo las siguientes palabras en mi diario de oración con frecuencia: «Señor, hazlo parte de nuestra familia, pero lo más importante, hazlo parte de *tu* familia para siempre». Cameron necesita una familia terrenal, pero nosotros no somos su esperanza de salvación y verdadera restauración. No podemos reconciliarlo ni restaurar la relación con el Dios que necesita con tanta desesperación. Independientemente de lo mucho que lo amemos en esta vida, no podemos darle una verdadera pertenencia a una familia eterna que ni siquiera la muerte puede romper. Solo Jesús puede hacer eso por él, y solo Jesús puede hacer eso por ti y por mí. En Cristo, somos miembros de la familia eterna de Dios, y nada puede separarnos de su amor.

Preguntas para la reflexión y el debate

1. ¿Por qué todos los seres humanos necesitamos y queremos pertenecer a un grupo más grande que nosotros mismos? Basándote en Génesis 2:5-25, explica de qué forma la familia era una parte fundamental del plan de Dios para la comunidad humana y las relaciones en general. ¿Qué salió mal?

2. ¿Pudiste ver que el efecto del pecado en el mundo es la separación? ¿Experimentaste el efecto separador del pecado en tu propia vida?

3. ¿Qué papel se suponía que debía desempeñar Israel en el plan de Dios de restaurar su relación con las personas y la relación entre ellas? ¿Cómo fracasó Israel? ¿Por qué tuvo éxito el plan de Dios a pesar del fracaso de Israel?

4. ¿Cuál es el misterio que Pablo busca transmitir en Efesios 2:11-22? ¿Cómo erradica la obra de Cristo en la cruz la separación que el pecado causó entre Dios y la humanidad? ¿Y entre las personas?

5. Si estás en Cristo, perteneces a la familia indestructible y eterna de Dios. ¿De qué manera esto te brinda consuelo y gozo mientras aún vives en un mundo lleno de conflictos, separación y soledad?

6. Nuestras iglesias locales aún no están perfectamente unidas. ¿A qué se debe esto? ¿Cómo nos anima Efesios 5:27 en cuanto al futuro?

7. ¿Eres una miembro activa que sirve en una iglesia local? ¿Cuáles son algunas maneras prácticas en las que puedes tratar de ser la iglesia para otras personas en tu cuerpo local, en especial para aquellas con quienes tal vez discrepas o estás en desacuerdo?

CAPÍTULO 5

Caminar como es digno

Cómo la identidad en Cristo impulsa la actividad para Cristo

Les suplico que lleven una vida digna del llamado que han recibido de Dios [...].

Desháganse de su vieja naturaleza pecaminosa y de su antigua manera de vivir, que está corrompida por la sensualidad y el engaño. [...]

Pónganse la nueva naturaleza, creada para ser a la semejanza de Dios, quien es verdaderamente justo y santo.

EFESIOS 4:1, 22, 24

CUANDO ESCUCHÉ EL EVANGELIO por primera vez, era pequeña. Estaba sentada en el estudio que teníamos en la casa recién construida de mi familia y mi papá, quien era médico, acababa de regresar de un viaje misionero a Centroamérica. Usando un proyector de diapositivas tradicional, proyectaba las fotos en una pared de la oficina mientras le contaba a nuestra familia todo sobre su viaje. Mirándonos directamente a mí y a mis hermanos, nos dijo: «Si bien es cierto que fui a darle a la gente de Nicaragua medicinas para ayudar a que su cuerpo se sane, esas medicinas no durarán para siempre. Con el tiempo, su cuerpo volverá a enfermarse y un día morirán. En realidad hice este viaje para darles algo mejor que la medicina; algo que pueda curarlos para siempre».

Papá continuó explicando el problema universal del pecado y la Buena Noticia del evangelio; tal como las había compartido con el pueblo nicaragüense. Esa noche, mientras él hablaba, comprendí la grave realidad de mi propio pecado contra Dios y mi profunda necesidad de un Salvador. Con palabras sencillas de niña, me arrepentí de mi pecado y puse mi fe en Jesucristo, confiando solo en él para el perdón de mis pecados. Aunque era pequeña, creo que esa misma noche con mi familia en el estudio de casa fue que el Espíritu de Dios despertó mi corazón y me trasladó de la muerte espiritual a la vida en Cristo (Efesios 2:4-5). A partir de ese momento, comencé a crecer en el conocimiento del Señor y en mi amor por él.

Con esto, no estoy diciendo que vivir la vida cristiana fue todo un camino de rosas o que dejé de luchar con el pecado. ¡Por supuesto que no! De hecho, aunque me di cuenta desde una edad temprana de que el evangelio es una buena noticia para mi destino eterno, pasaron muchos años antes de que entendiera por completo que el evangelio también es una buena noticia para mi vida *hoy*. Durante mucho tiempo, consideré la Buena Noticia sobre la vida, la muerte y la resurrección de Jesús simplemente la entrada a la salvación. Viví bajo el concepto de que el crecimiento espiritual y la lucha contra el pecado dependían de mí y para lograrlo debía usar mi propia fuerza de voluntad y poder. ¿Quizás no soy la única?

El pastor J. D. Greear escribe:

> Para muchos de nosotros, el evangelio funciona únicamente como el rito de entrada al cristianismo [...]. Sin embargo, el evangelio no es solo el trampolín desde el que saltamos a la piscina del cristianismo; es la piscina en sí. No es solo la forma en que comenzamos en Cristo; es la forma en que crecemos en Cristo [...]. Es por eso que el crecimiento en Cristo nunca es ir más allá del evangelio, sino profundizar en el evangelio[1].

En otras palabras, el evangelio no es solo la puerta que cruzamos para entrar en el camino que lleva al cielo. Por el contrario, es la Buena Noticia que afecta todas las facetas de nuestra vida y de nuestra feminidad en este momento.

La identidad impulsa la actividad

Descubrí que uno de los mayores desafíos de ser autora es vivir lo que escribo. Es bastante fácil para mí aprender la verdad bíblica y ponerla en palabras en las páginas de un libro. La verdadera prueba llega cuando debo levantarme del teclado y actuar según las verdades sobre las cuales escribí. Este es el momento de la verdad. Es el punto de inflexión: el lugar donde descubro si en realidad creo lo que afirmo creer. De manera similar, Efesios 4 es un punto de inflexión en la carta. En los primeros tres capítulos de la Epístola, Pablo explica lo que Dios logró para aquellos que están en Cristo. Detalla la nueva identidad y los beneficios del cristiano. Al comienzo del capítulo 4, el apóstol hace un cambio. Pasa de explicar lo que ya se logró para los creyentes y los llama a la acción obediente como resultado. Pablo escribe: «Por lo tanto, yo, prisionero por servir al Señor, les suplico que lleven una vida digna del llamado que han recibido de Dios, porque en verdad han sido llamados» (Efesios 4:1). Esta transición de la verdad posicional (lo que Dios hizo) a la verdad práctica (cómo debemos vivir como resultado) es un patrón común en las cartas de Pablo.

Antes de intentar entender lo que significa «llevar una vida digna» de nuestro llamado, necesitamos resaltar una palabra crucial en Efesios 4:1: *Por lo tanto*. Los maestros de la Biblia a menudo bromean: «Cuando veas la palabra *por lo tanto* debes preguntarte por qué está *ahí*». ¡Es cierto! La expresión «por lo tanto» es como una señal luminosa que invita a los lectores a recordar lo que se escribió anteriormente para que puedan comprender lo que vendrá después. A través de esta palabra transicional,

Pablo exhorta a su audiencia a leer, interpretar y poner en práctica todo lo que está a punto de escribir a través del lente de lo que escribió hasta ahora. Quiere que los creyentes entiendan dos cosas antes de seguir adelante. Primero, la obra de Dios *en* nosotros exige una respuesta activa *de nuestra parte*. En segundo lugar, nuestra obediencia debe fluir de una confianza profunda en lo que el Padre ya logró para nosotros a través de su Hijo. Las dos nunca se desconectan y nunca deben invertirse. Descansar por completo en Cristo resulta en un estilo de vida de obediencia comprometida a él. Dicho de otra manera, nuestra identidad en Cristo (a la que no contribuimos en lo más mínimo) impulsa nuestra actividad para Cristo (que implica nuestro esfuerzo).

Caminar como es digno

Entonces, ¿qué quiere decir Pablo cuando ordena a los creyentes que vivan de una manera digna de su llamado? La palabra griega traducida *como digno* en este pasaje significa equilibrar la balanza[2]. Imagínate la anticuada balanza de justicia que podrías ver en la oficina de un abogado. El peso de un plato debe coincidir con el peso del otro plato para que los dos se equilibren correctamente. O piensa en un balancín. Cuando mi hijo Luke era pequeño, a menudo me pedía que jugara con él en los balancines en un parque que le gustaba. Esto nunca funcionaba bien porque yo era mucho más grande que él. En lugar de que la larga tabla se balanceara hacia arriba y hacia abajo, debido a nuestro peso desproporcionado mi lado permanecía en el suelo, mientras que el suyo permanecía en el aire. El desequilibrio hacía que el balancín fuera ineficaz (y muy frustrante para Luke). Le explicaba que el peso de cada lado tenía que coincidir más para que el balancín funcionara correctamente.

Así mismo, la instrucción de Pablo de «vivir una vida digna» es un llamado a dejar que nuestro estilo de vida coincida con nuestra alta posición en Cristo. Como mujeres cristianas, debe haber un equilibrio entre *lo que* somos y *cómo* vivimos. Un comentarista lo dice de esta manera: «Debido a que Dios puso su mano sobre nosotros y nos llamó, cambiándonos de lo que éramos a lo que hemos llegado a ser ahora, debemos vivir como cristianos en este mundo»[3]. Este es un tema común en todas las Escrituras. Antes de que Dios le diera a Israel su ley para que la obedeciera, les recordó su identidad como su pueblo escogido y redimido (Éxodo 20:2). Juan el Bautista ordenó a aquellos que se habían arrepentido en público de sus pecados: «Demuestren con su forma de vivir que se han arrepentido de sus pecados y han vuelto a Dios» (Lucas 3:8). Jesús mismo enseñó que la verdadera identidad de una persona se evidencia en la forma en que vive su vida: «Un buen árbol no puede producir frutos malos, y un árbol malo no puede producir frutos buenos. Al árbol se le identifica por su fruto» (Lucas 6:43-44). Santiago enseñó que la verdadera fe va acompañada de buenas obras: «Amados hermanos, ¿de qué le sirve a uno decir que tiene fe si no lo demuestra con sus acciones? ¿Puede esa clase de fe salvar a alguien? [...] Como pueden ver, la fe por sí sola no es suficiente. A menos que produzca buenas acciones, está muerta y es inútil» (Santiago 2:14, 17).

Sabemos por estos múltiples mandamientos en las Escrituras, y por nuestra propia conciencia, que debemos vivir de maneras que reflejen nuestra identidad en Cristo. También sabemos, dolorosamente, que es más fácil decirlo que hacerlo. Cuando nos quejamos de nuestros hijos, chismeamos con una hermana en la iglesia, nos lamentamos de nuestras circunstancias, nos revolcamos en la autocompasión, le hacemos exigencias egoístas a nuestro cónyuge o sucumbimos al enojo, a la vanidad, a la pereza o a la lujuria, sentimos la desconexión. Es descorazonador ver que no lo logramos, ¿no es así? El desequilibrio que hay entre lo que somos en Cristo en comparación con nuestras actitudes y acciones en la vida cotidiana, por lo general nos llevan a esforzarnos más para ser buenas con nuestras propias fuerzas. En su defecto, el desequilibrio nos desanima y quizás nos conduce a cuestionar nuestra salvación. ¿Así se supone que sea la vida cristiana? ¿Intentar constantemente levantarnos por nuestra propia cuenta o preguntarnos si en realidad somos salvas? ¿Es posible que el evangelio no solo tenga poder para afectar nuestro destino eterno, sino también para potenciar nuestra obediencia fructífera en la actualidad? Para responder a estas preguntas, debemos asegurarnos de entender la salvación tal como la Biblia la presenta: una unidad de aspectos pasados, presentes y futuros.

Salvación pasada

¿Cuándo recibiste a Jesús como tu salvador? Esta era una pregunta común entre mis compañeros de iglesia durante los días de nuestro grupo de jóvenes. Cuando era adolescente, si alguien me preguntaba cuándo «recibí a Jesús como mi salvador», pensaba en aquel momento cuando era niña y respondí al mensaje del evangelio pidiéndole a Jesús que perdonara mis pecados y fuera mi Señor. Es probable que muchas de nosotras nos hayamos hecho la misma pregunta, o que nos la hayan hecho, y, por lo tanto, estamos familiarizadas con el lenguaje que habla de la salvación (para los creyentes actuales) como un evento pasado.

Por supuesto, la salvación pasada no es simplemente el momento en que un pecador «hace una oración». La salvación pasada es una obra de Dios quien, por su sola gracia, le dio vida en Cristo al pecador espiritualmente muerto (los teólogos llaman a esto *regeneración*). Luego, como respuesta al mensaje del evangelio, esa persona se aleja del pecado y pone su fe en Jesús (los teólogos llaman a esto *conversión*). Entonces, Dios le perdona en un instante todos los pecados pasados, presentes y futuros, declarándola legalmente justa ante él (los teólogos llaman a esto *justificación*).

La salvación pasada es un acto irrevocable de Dios que se realiza de una vez para siempre, sin que medie ningún esfuerzo o mérito de parte de la persona que es salvada. Cuando las personas se refieren al momento en que «fueron salvadas», a menudo están pensando en la justificación (incluso si no conocen el término teológico) porque es por medio de ella que los pecadores son perdonados del castigo eterno que sus pecados merecen. La justificación es una declaración legal hecha por Dios: imagínate a un juez golpeando con el martillo y declarando al acusado «inocente». Dios sigue siendo perfectamente justo al declarar a una persona «inocente» ante él gracias a todo lo que Jesús logró a favor de esa persona. Él acredita la perfecta justicia de Cristo a la cuenta espiritual del creyente.

Aquella noche, hace tantos años, en la oficina de mi familia, *fui* salvada: vivificada espiritualmente, perdonada por completo, declarada inocente y destinada al cielo. Fue en ese momento que mi identidad en Cristo fue sellada para siempre por el Espíritu Santo. Todo esto fue un regalo de Dios sin que mediara ninguna contribución de mi parte (Efesios 2:8-9) y, por lo tanto, no puedo perderlo. Pero las Escrituras enseñan que no solo *fui* salvada en el pasado, sino que también *estoy siendo* salvada en el presente (1 Corintios 1:18; 1 Corintios 15:2) y *seré* salvada en el futuro (Romanos 8:30).

Salvación presente y futura

Francis Schaeffer expresa lo siguiente: «La salvación no es solo la justificación y luego un vacío hasta la muerte; Dios nunca quiso que fuera así. La salvación es una unidad, una corriente que fluye desde la justificación a través de la santificación hasta la glorificación»[4]. La santificación no es más que otra gran palabra teológica que se refiere al crecimiento gradual del creyente en la semejanza a Cristo: su progreso respecto a andar como es digno de su llamado. Entendemos cómo es el crecimiento progresivo físicamente. Cuando una niña nace, posee los órganos y las partes del cuerpo necesarios como para, con el tiempo, convertirse en una mujer. Dicho eso, una bebé no se acuesta una noche y se despierta a la mañana siguiente desarrollada por completo. El crecimiento y la maduración ocurren a lo largo de un período de años a través de mucho cuidado y alimentación. La santificación es similar en su naturaleza progresiva. No nos despertamos perfectamente amorosas, alegres, pacíficas, pacientes y amables a la mañana siguiente de ser justificadas. Estos frutos del Espíritu, entre muchos otros, se cultivan y crecen con el tiempo.

Es crucial comprender algunas distinciones importantes entre la justificación y la santificación para entender correctamente la relación entre la gracia de Dios y nuestras obras. Mientras que la justificación es la salvación *pasada*, la santificación es la salvación *presente* e involucra la relación continua del creyente con Cristo hoy. En la justificación, los pecadores son liberados de inmediato del *castigo* del pecado por toda la eternidad; a través de la santificación, los pecadores son gradualmente liberados de la *práctica* del pecado en su vida diaria (porque el pecado ha perdido el poder que tenía sobre ellos para controlar su vida). Mientras que la justificación es instantánea, la santificación es gradual y ocurre a lo largo de toda la vida cristiana de una persona en la tierra. La justificación es una obra solo de Dios, pero la santificación es una obra en la que Dios y el creyente cooperan (Filipenses 2:12). En la justificación, la *posición* de justificado que el creyente tiene ante Dios está asegurada para siempre; en la santificación, la *práctica* de la justicia de parte del creyente crece de manera lenta pero segura. En la justificación, el creyente recibe una nueva identidad *en* Cristo. En la santificación, el creyente está aprendiendo a vivir *para* Cristo.

La salvación futura se llama *glorificación* y sucederá cuando Cristo regrese a la tierra, resucite a los muertos y le dé a su pueblo cuerpos resucitados desprovistos de pecado y sufrimiento. ¡En ese momento, no solo habremos sido salvadas del castigo y el poder del pecado, sino que también seremos salvadas de la presencia misma del pecado para siempre! Tenía poco más de veinte años y estaba estudiando en el seminario cuando me quedó clara la unidad y las distinciones entre la salvación pasada, presente y futura. La salvación es una unidad de justificación, santificación y glorificación porque las tres están conectadas en una cadena inquebrantable y empoderadas por la misma gracia. Si Dios te declaró justa delante de él, puedes estar segura de que él te hará justa progresivamente hasta que seas perfeccionada en el día de su regreso (Romanos 8:30). Independientemente de cuán largo y desordenado sea el proceso, Dios promete terminar la buena obra que comienza en cada creyente verdadero (Filipenses 1:6). Es muy importante entender esto porque a veces el crecimiento en Cristo puede parecerse a dar un paso adelante y dos pasos atrás.

Cuando era adolescente, participaba activamente en el grupo de jóvenes de la iglesia y estaba allí casi cada vez que se abrían las puertas. Y no recuerdo que me hayan enseñado acerca de la salvación como una unidad de aspectos pasados, presentes y futuros. Esto explica algunos de los patrones y luchas que vi en mí misma y en otros chicos de la iglesia en aquel tiempo. Algunos adolescentes creían que debido a que habían hecho la oración de salvación y habían sido bautizados de manera automática estaban destinados al cielo, independientemente de cómo vivieran. No tomaban en serio el crecimiento en Cristo. Otros luchaban con el desaliento y la vergüenza por el pecado que todavía permanecía en su vida y se preguntaban por qué seguían cediendo a la tentación si en realidad eran salvos. Estos estudiantes mantenían su pecado oculto y carecían de la seguridad de la salvación. Algunos incluso hacían repetidas profesiones de fe o seguían dedicando su vida a Cristo para obtener un sentido de seguridad.

Al igual que los chicos de mi antiguo grupo de jóvenes, demasiadas mujeres cristianas no entienden la unidad y las distinciones de la salvación pasada, presente y futura. Cuando estas aguas teológicas se enturbian en las mentes de las personas surgen los problemas. Por ejemplo, digamos que Sally, de treinta años, está confundida acerca de la justificación. Debido a que no entiende que Dios declara a los pecadores justos solo por la fe en Jesús, se esfuerza de manera continua por ser lo suficientemente buena para que Dios esté complacido con ella todo el tiempo. Se esfuerza para ser la esposa, madre, miembro de la iglesia y amiga perfecta. Lee su Biblia todos los días, sirve en múltiples áreas de la iglesia y, por lo general, hace más de lo necesario en todas las áreas de la vida. Cuando peca, de inmediato piensa que Dios está enojado y quiere castigarla. Como resultado, casi no tiene vida de oración y mantiene ocultas sus luchas. Sally está confiando en sus buenas obras en lugar de descansar en Cristo por fe.

Por otro lado, digamos que Mary, de treinta años, tiene poco tiempo o deseo por las cosas del Señor. Ella hizo la oración de salvación cuando era niña en una escuela bíblica de verano hace muchos años (y cree en «salva una vez, por siempre salva»), pero la Biblia parece demasiado difícil de entender, la oración es aburrida y asistir a la iglesia está última en su lista de prioridades. Mary se enoja por las constantes exigencias que implica criar a sus niños pequeños, y tiende a perder el control de sus emociones. Por la noche, bebe vino para relajarse mientras se da un atracón de Netflix y espera poder sobrevivir otro día. Se siente como una fracasada y se pregunta por qué no puede tomar buenas decisiones y sentir más alegría, en especial si es cristiana. Mary no reconoce que Dios la llamó a participar activamente en su crecimiento en Cristo. A pesar de que ella hace poco esfuerzo para practicar las disciplinas espirituales, se pregunta por qué Dios simplemente no la cambia.

Al igual que Sally, si no entendemos que la justificación es una declaración instantánea y única de Dios basada solo en nuestra fe en Jesús, cada vez que caigamos en pecado dudaremos del amor y del perdón eternos de Dios. Por otro lado, si como Mary no reconocemos que la santificación es una obra continua de gracia en nuestra vida en la cual estamos llamadas a participar, nos sentiremos apáticas y desanimadas cuando el crecimiento en la santidad práctica parezca demasiado lento para ser medible.

Cuando era adolescente, entendí que a través de Jesús Dios me había perdonado y librado del castigo eterno que merecían mis pecados. Lo que aún no entendía era cómo afectaba esta realidad pasada mi vida y crecimiento espiritual en el presente. En otras palabras, no entendía que mi justificación, santificación y eventual glorificación están conectadas y fueron logradas por la misma gracia. Tenía claro que debía ir a la iglesia, leer la Biblia, orar, ser amable con la gente, obedecer a mis padres, mantener la pureza sexual y tratar de ser una persona moral y honrada. Después de todo, eso es lo que la Biblia dice que los cristianos *debemos* hacer y, debido a que tengo una personalidad que tiende a complacer a las personas y a seguir las reglas, me esforcé bastante. La vida cristiana, sin embargo, no es una vida en la que te levantas por tus propios medios y te esfuerzas más. Dios no nos salva por su gracia y luego nos deja solas para que seamos buenas con nuestras propias fuerzas (Gálatas 3:3). Sí, somos llamadas a participar activamente en nuestro crecimiento espiritual, pero nuestros esfuerzos deben ser impulsados por la gracia y el poder del Espíritu Santo. La misma gracia que nos justificó también nos santificará; ¡Dios lo prometió! (Romanos 8:29-30). Cuando era adolescente, necesitaba crecer en mi comprensión de esta realidad: la verdadera obediencia *a* Cristo se alimenta del descanso *en* Cristo, arraigándonos y cimentándonos en su amor.

¿Qué papel jugamos?

Las Escrituras enseñan que la santificación es una obra en la que tanto Dios como el creyente cooperan (Filipenses 2:12-13), pero esto plantea algunas preguntas: ¿Qué papel desempeña Dios y qué papel desempeñamos nosotras? ¿Cómo podemos participar en nuestro crecimiento espiritual sin caer en la autosuficiencia alimentada por nuestro esfuerzo

(Gálatas 3:3), la cual luego nos causa desesperanza cuando fallamos? Las respuestas a estas preguntas se revelan en la oración de Pablo al final de Efesios 3.

Inmediatamente antes del mandamiento «lleven una vida digna» (Efesios 4:1), Pablo ora por la iglesia de Éfeso. Le ruega a Dios que fortalezca su fe cimentándolos en el amor de Cristo:

> Espero que puedan comprender, como corresponde a todo el pueblo de Dios, cuán ancho, cuán largo, cuán alto y cuán profundo es su amor. Es mi deseo que experimenten el amor de Cristo, aun cuando es demasiado grande para comprenderlo todo. Entonces serán completos con toda la plenitud de la vida y el poder que proviene de Dios.
>
> **EFESIOS 3:18-19**

Luego le pide a Dios que se glorifique a sí mismo obrando con poder dentro de la iglesia, haciendo «mucho más de lo que pudiéramos pedir o incluso imaginar» (Efesios 3:20). Por lo tanto, antes de dar cualquier mandamiento sobre cómo vivir, Pablo quiere que los creyentes entiendan que es el poder de *Dios* a través del Espíritu Santo lo que a fin de cuentas santifica a los creyentes. El Espíritu empodera el cambio en nuestra vida al permitirnos *conocer* el amor de Cristo de una manera profunda y salvífica que supera con creces el conocimiento intelectual. Arraigarnos profundamente en el amor de Cristo es lo que nos impulsa a alejarnos del pecado cuantas veces sea necesario y a vivir para él. En otras palabras, el evangelio de la gracia, no el esforzarnos con nuestras propias fuerzas, es lo que permite el arrepentimiento continuo y el crecimiento espiritual.

Disfruto de cualquier oportunidad de vestirme con ropa elegante en lugar de mi típica «vestimenta de mamá», la cual consiste en ropa deportiva. En Efesios 4, Pablo describe el arrepentimiento (una renovación de los pensamientos que conduce a un cambio de dirección) con un lenguaje que indica un cambio de vestuario:

> Desháganse de su vieja naturaleza pecaminosa y de su antigua manera de vivir, que está corrompida por la sensualidad y el engaño. En cambio, dejen que el Espíritu les renueve los pensamientos y las actitudes. Pónganse la nueva naturaleza, creada para ser a la semejanza de Dios, quien es verdaderamente justo y santo.
>
> EFESIOS 4:22-24

Así como nos quitamos las ropas sudadas después de correr, a los cristianos se nos ordena quitarnos intencionadamente las obras pecaminosas que caracterizaban nuestra vida antes de Cristo y «vestirnos» (RVR60) de obras justas en su lugar. Debemos despojarnos de la mentira y vestirnos de la verdad (Efesios 4:25), despojarnos del robar y vestirnos de labores honradas y de dar con generosidad (Efesios 4:28), despojarnos del lenguaje grosero y ofensivo y vestirnos de palabras edificantes (Efesios 4:29). El pastor Kent Butterfield manifiesta: «Vamos de lo viejo a lo nuevo, despojándonos y vistiéndonos. Esta es la constante actividad espiritual del hijo de Dios que vive una vida arrepentida»[5]. Aunque este despojarse y vestirse requiere un esfuerzo constante, debemos recordar que solo se logra por la gracia de Dios que nos capacita mediante el poder del Espíritu Santo.

Tal vez una historia hipotética ayude a darle vida a esto. Imagina que tú, una plebeya, te casas con el heredero al trono. Eres muy amada, no solo por tu nuevo esposo, sino también por su padre, el rey mismo. Como nuevo miembro de la familia real, se espera que te vistas de cierta manera: una manera que refleje correctamente tu identidad y honre tu posición como futura reina. Si bien una sudadera con capucha y pantalones de chándal pueden sentirse más naturales y cómodos, ¡ciertamente no aparecerías en una cena de estado en ropa de casa! Que te vistas mal no alteraría ni tu identidad ni el amor de tu nueva familia por ti. Pero *debido* a que los amas y deseas honrarlos, tratarías de vestirte no solo de manera apropiada, sino bellamente.

De la misma manera, cuando *sabes* en realidad quién eres debido a la gracia de Dios, cuando te sientas asombrada y llena de humildad por la nueva posición, la gloriosa identidad y el amor eterno que Dios te ha otorgado en su Hijo, ¡desearás vestirte como tal! Y la misma gracia que ya te cubrió en la justicia de Cristo te capacitará para ponerte las hermosas vestiduras de la vida piadosa cada día.

Es crucial entender que Pablo no está abogando por el moralismo (el intento de ganarse el favor de Dios siendo buena) en su mandamiento de «despojarse» y «vestirse». El apóstol no está apuntándonos con el dedo mientras afirma: «¡Es mejor que madures y obres con seriedad!». No, Pablo simplemente nos está llamando a vivir según nuestra identidad. Hacemos esto buscando ser obedientes a medida que nos apoyamos en su gracia transformadora. El comentarista James Montgomery Boice escribe:

> El apóstol no está simplemente instando a la gente a que se imponga una nueva norma más alta de moralidad. Eso es algo completamente inútil [...]. Más bien, Pablo está exigiendo una forma elevada de comportamiento precisamente porque algo decisivo ya ha sucedido. Ya hemos sido hechos nuevos en Cristo. Es por eso que debemos y tenemos que actuar como tal[6].

En *Every Moment Holy* (Hacer cada momento santo), Douglas McKelvey captura bellamente la tensión del esfuerzo impulsado por la gracia en el proceso de santificación. Después de recordarnos el mandamiento de Dios de amarlo con todo nuestro corazón, alma, mente y fuerzas (Lucas 10:27), y de listar las formas en que debemos demostrar este amor, nos incita a considerar: «¿Posees ahora las fuerzas para cumplir con esos requisitos santos?». Y, por supuesto: «No las poseemos», pero maravillosamente esa no es la totalidad de la respuesta:

> Nosotros no. Somos débiles e inconsistentes y, a menudo, nos azotan el miedo, el orgullo y el egoísmo. Pero estando empobrecidos y mal equipados como estamos, miraremos a la gracia de Dios y a la obra santificadora del Espíritu Santo para llevar a cabo sus propósitos en nosotros y a través de nosotros en este día mientras, en respuesta agradecida, procuramos escoger lo que le agrada[7].

En resumen

No mucho después de la noche en que Cristo me salvó en el estudio de casa, comencé a escribir sobre mi fe. A lo largo de los años, llené varios diarios con oraciones y reflexiones sobre lo que Dios me muestra en su Palabra. Si bien siempre me gustó escribir, no fue hasta mis veinticinco años que compartí algo de eso en público al comenzar un blog. Cuando terminé mi carrera en el seminario, quería un espacio no solo para desarrollar lo que estaba aprendiendo, sino también para comunicar la verdad y la esperanza a los demás. Crear un título para el blog fue un desafío, pero después de algunos intentos, me decidí en *La feminidad moldeada por el evangelio*. Durante aquella etapa de la vida, el Espíritu Santo me iluminó para que entendiera muchas cosas. Aunque había sido cristiana por varios años, fue hasta *entonces* que en realidad comprendí que el evangelio es una buena noticia que no solo afecta mi destino eterno, sino que también le da forma a todos los aspectos de mi vida y mi feminidad en el presente. Como alguien propensa a luchar con mis propias fuerzas, comencé a obtener claridad tanto sobre la relación entre la gracia y las obras como sobre la unidad y el carácter distintivo de la salvación pasada, presente y futura. A través de enseñanzas bíblicas y formación teológica sólidas, Dios me abrió los ojos para que pudiera entender que la obra terminada de Jesús tiene poderosas implicaciones para cada parte práctica de mi vida, desde mi trabajo hasta mis relaciones y pruebas. Me di cuenta de que arraigarme profundamente en mi *identidad* en Cristo es lo que alimentaría la *actividad* para Cristo que daría la gloria a Dios. Y al fin comencé a ver que la obra de participar en mi santificación debía fluir del descanso total en lo que Dios ya había logrado en mi justificación. El hecho de que quería con desesperación compartir esta buena noticia que me cambió la vida con otras mujeres fue la razón por la cual nacieron muchos artículos de blog, publicaciones en Instagram e incluso la idea de este libro. El evangelio en verdad es para toda la vida. Espero con ansías explorar esa realidad contigo en las próximas páginas.

Preguntas para la reflexión y el debate

1. Si alguien te preguntara cuándo fuiste salvada, ¿qué dirías? Comparte tu historia de salvación pasada.

2. «El evangelio [...] no es solo la forma en que comenzamos en Cristo; es la forma en que crecemos en Cristo» (J. D. Greear). ¿Este concepto es nuevo para ti? Según lo que leíste en este capítulo, ¿qué significa esto?

3. Lee Efesios 4:1 y describe el cambio que Pablo hace a estas alturas de su carta. ¿Por qué «por lo tanto» es una palabra crucial en 4:1?

4. Explica lo que Pablo quiere decir cuando insta a los creyentes a llevar una vida digna de su llamado (Efesios 4:1). ¿A

qué formas equivocadas de pensar y actuar somos propensas cuando nos damos cuenta de que es más fácil decirlo que hacerlo?

5. ¿Cuáles son las palabras teológicas para la salvación pasada, presente y futura? Analiza o anota algunas de las distinciones entre estas tres palabras. Describe cómo son también una unidad inquebrantable (ver Romanos 8:29-30). Al mirar tu propia vida, ¿de qué manera te reconfortan ambas realidades?
6. Como mujeres cristianas, ¿qué papel desempeñamos en nuestra propia santificación (Efesios 4:20-24)? ¿En qué se diferencia esto de esforzarnos más para ser buenas con nuestras propias fuerzas?
7. «La identidad impulsa la actividad». Explica lo que significa esta afirmación. ¿Cuáles son algunas formas prácticas que puedes buscar para arraigarte profundamente en Cristo con el fin de estimularte a vivir una vida piadosa?

SEGUNDA PARTE

Actividad moldeada por el evangelio

Efesios 4–6

CAPÍTULO 6

Mujeres que trabajan

Nutriendo la vida para la gloria de Dios

Pues somos la obra maestra de Dios. Él nos creó de nuevo en Cristo Jesús, a fin de que hagamos las cosas buenas que preparó para nosotros tiempo atrás.

EFESIOS 2:10

Él nos ha dado a cada uno de nosotros un don especial mediante la generosidad de Cristo.

EFESIOS 4:7

«¿TE PAGAN POR ALGUNOS de los trabajos que haces?». Una amiga me hizo esa pregunta mientras mirábamos a nuestros hijos andar en sus monopatines por el gimnasio de la iglesia chillando de alegría. Me tomó desprevenida y me sorprendió gratamente su inusual elección de palabras. «¿Trabajas?» es una formulación más típica de la misma pregunta. Y, aunque a menudo me piden inocentemente que haga una distinción entre trabajo remunerado y no remunerado, la formulación de la pregunta parece implicar que algunas mujeres trabajan y otras no.

En aquel momento, la respuesta a la pregunta de mi amiga fue no. Estaba ocupada criando a tres niños pequeños, administrando nuestro hogar y ayudando a mi esposo en el ministerio. También estaba aconsejando a varias mujeres a través de una organización local sin fines de lucro, liderando un pequeño grupo de estudio bíblico para mujeres y enseñando en el ministerio de niños en la iglesia. A pesar de que nada de esto era trabajo remunerado, todo era trabajo *real*, de modo que estaba agradecida de que mi amiga reconociera esa realidad.

Como mujeres, ¿hay algo que nos haga sentir más inseguras que el que nos pregunten: «¿A qué te dedicas?»? Ya sea que estemos cuidando niños, trabajando ocho horas diarias, siendo voluntarias en la iglesia o en la comunidad, administrando un hogar (más o menos un trabajo extra) o intentando hacer alguna combinación de estas cosas, a menudo nos preguntamos si el trabajo que hacemos en realidad es significativo. ¿Se considera que un trabajo es *real* si no es remunerado? ¿Lo que hacemos está haciendo alguna diferencia en el mundo o, al menos, en la vida de quienes nos rodean? ¿Nos hemos esforzado lo suficiente, aun si nadie ve evidencia de ello? ¿Las tareas que parecen ser rutinarias de todos los días que se realizan dentro del horario laboral tienen valor e importancia más allá de un salario?

Incluso como cristianas, tendemos a evaluar nuestro trabajo en función de lo que el mundo opina que debe hacer una mujer exitosa. La comparación y el esfuerzo por probarnos a nosotras mismas que somos valiosas (aunque solo sea *a nosotras mismas*) pueden parecer interminables y la satisfacción que trae el «éxito», a menudo, es efímera o totalmente difícil de alcanzar. Como mujeres que estamos *en Cristo*, debemos aprender a evaluar nuestro trabajo a través del lente del evangelio. He aquí algunas preguntas a considerar: ¿Entiendo el propósito por el cual Dios nos ordena trabajar? ¿Estoy usando los criterios de Dios para medir el éxito? ¿Cómo afecta una identidad moldeada por el evangelio la manera en que entiendo y llevo a cabo mi trabajo?

Creadas para trabajar

Para que nuestra visión del trabajo sea moldeada por el evangelio, debemos remontarnos al comienzo de la historia de la Biblia; al momento en que comenzó el trabajo. El trabajo se introduce en las primeras páginas de las Escrituras, donde leemos sobre la obra de la creación de Dios y donde Dios ordena a los primeros seres humanos que trabajen: «Sean fructíferos y multiplíquense. Llenen la tierra y gobiernen sobre ella» (Génesis 1:28). Al volver al principio, la primera cosa importante a tener en cuenta es esta: el trabajo no fue el resultado de la caída de la humanidad en el pecado; más bien, fue parte del plan original y bueno de Dios para quienes había hecho a su imagen. El trabajo es una ordenanza de la creación, esencial para la vida y el desarrollo de las personas. Dios nos hizo para trabajar. Nuestro trabajo como servicio a él es bueno y tiene propósito. Desde el principio, a los seres humanos se les dio la gozosa tarea de representar a Dios en el mundo. Fueron comisionados para expandir, cultivar y cuidar su creación de manera que propagaran su gloria a todos los rincones de la tierra. Tanto el hombre como la mujer fueron creados para un trabajo fructífero.

Adán fue hecho primero, pero no estaba equipado para llevar a cabo la comisión de Dios solo. Adán no podía «fructificar y multiplicarse» por sí mismo. Necesitaba a alguien que lo complementara, alguien que compartiera su humanidad pero que fuera diferente a él, que lo ayudara a llenar la tierra y a gobernarla. Entonces, Dios creó a la mujer. Ella fue hecha singularmente femenina y, aun *después* de su rebelión deliberada, por gracia de Dios Adán la llamó Eva, que significa «la madre de todos los que viven» (Génesis 3:20). Lo que estaba destinado a ser un trabajo satisfactorio para la humanidad se convirtió en un trabajo duro después de que el pecado entró al mundo; pero tanto a Eva como a sus futuras hijas se les concedió el privilegio glorioso de llevar a cabo el trabajo de dar vida.

Relación distorsionada con el trabajo

¿No es interesante cómo se nos inculca desde pequeñas que la identidad está ligada a la vocación? No se les suele preguntar a los niños pequeños qué quieren *hacer* cuando crezcan; por lo general, se les pregunta qué quieren *ser*. *¿Quieres ser maestra? ¿Policía? ¿Médica? ¿Enfermero?* Si bien estos títulos son formas útiles de describir el trabajo regular para el que alguien fue capacitado, también revelan la tendencia que tenemos a vincular quiénes somos con nuestro trabajo. Las profesiones se convirtieron en identidades, en particular en la cultura occidental próspera, donde la educación es un bien relativamente accesible. Cuando los niños se convierten en adolescentes, aprenden que perseguir ciertas vocaciones, por lo general aquellas que requieren más capacitación y conducen a salarios más altos, podrían elevar su estatus como personas a los ojos del mundo. Como resultado, muchos jóvenes terminan buscando trabajos que no se adaptan a sus habilidades e intereses naturales.

Esta es una forma fundamentalmente errada de entender el trabajo, la cual resulta en todo tipo de problemas. Si bien el trabajo es, en gran parte, *para lo cual estamos* aquí en la tierra, no es lo que *somos*. Desde la creación, el trabajo estuvo destinado a darnos un gozo sobreabundante por tener una identidad con raíces profundas en Dios y ligada al propósito supremo de darle gloria cumpliendo su plan en el mundo. El trabajo nunca se trató principalmente de *nosotros*: nuestra satisfacción, nuestra autorrealización, nuestro valor. Se esperaba que encontráramos esas cosas en comunión con Dios *mientras* llevábamos a cabo la buena obra que él nos dio para hacer. Cuando el pecado nos separó de nuestro Creador, el verdadero propósito del trabajo se distorsionó en nuestra mente y corazón. Ya no estamos tan seguras como hijas amadas de Dios, ahora en cambio buscamos encontrar valor en lo que podemos conseguir y lograr. Esto no es nuevo, pero es peligroso. ¿Recuerdas la historia sobre algunos de los primeros pueblos que trataron de construir una ciudad y una torre que llegara al cielo para hacerse un nombre (Génesis 11:1-9)?

Esta es la verdad: la identidad humana arraigada en cualquier otra cosa que no sea Dios mismo es idolatría. Cualquier cosa a la que miremos para obtener el verdadero sentido de lo que valemos que no sea Dios es un ídolo. El trabajo debía ser un medio para adorar a Dios y cumplir su misión de amor, pero con tanta facilidad se convierte en un canal para idolatrarnos a nosotras mismas (si pensamos que tuvimos éxito) o para desesperarnos (si pensamos que hemos fracasado). La misma voz sibilante que Eva escuchó en el jardín hace tantos años atrás nos susurra que no necesitamos descansar en el amor de Dios ni trabajar para *su* gloria. Podemos hacer las cosas a nuestra manera y buscar una gloria que sea toda nuestra: *¡Persigue tus sueños! ¡Escala posiciones! ¡Construye tu plataforma! ¡Consigue más seguidores! ¡Gana mucho dinero! Busca la seguridad y la comodidad, ante todo. Y, por supuesto, ¡hazte un nombre para ti misma!* Si bien es posible que no todas busquemos las cosas de esta lista, todas trabajamos por naturaleza para ganar prestigio personal en lugar de trabajar para dar la gloria a Dios.

Cuando idolatramos el trabajo, en verdad nos sentimos miserables, lo cual es la causa de la inseguridad que sentimos acerca del trabajo que hacemos. Esa es la razón por la cual el ama de casa reflexiona si debería conseguir un «verdadero trabajo», mientras que la mujer soltera que trabaja ocho horas por día se pregunta si sus labores tendrán un significado duradero. Es por eso que luchamos con el descontento cuando miramos a nuestro alrededor y comparamos la forma en que pasamos nuestros días con la manera en que otras mujeres pasan los suyos. Es por eso que sentimos desesperación cuando alguien más obtiene el trabajo que anhelamos, y es la razón por la cual nos mortificamos cuando no fuimos tan productivas como habíamos planeado ser en un día determinado. Es por eso que caemos con tanta facilidad en la adicción al trabajo y el impulso obsesivo de hacer más, más y más. Y es por eso que a menudo estamos ciegas al valor del trabajo rutinario, el cual exige demasiado esfuerzo y que nadie reconoce. Anhelamos que nuestro trabajo nos haga *alguien*, pero incluso los mejores trabajos no pueden llevar el peso de nuestra identidad.

Recreadas para buenas obras

Uno de los primeros pasajes de las Escrituras que memoricé de niña fue Efesios 2:8-9:

> Dios los salvó por su gracia cuando creyeron. Ustedes no tienen ningún mérito en eso; es un regalo de Dios. La salvación no es un premio por las cosas buenas que hayamos hecho, así que ninguno de nosotros puede jactarse de ser salvo.

Estos versículos bien conocidos resumen el corazón del evangelio, pero primero son como un vaso de agua helada en la cara; una sacudida aleccionadora para recordarnos que nunca fuimos autosuficientes y que nunca podremos trabajar lo suficientemente duro como para ganarnos el favor de Dios. El amor y la salvación de Dios son regalos gratuitos de su gracia que deben ser recibidos. Efesios 2:8-9 es un golpe doloroso para el orgullo de aquellas que se idolatran a sí mismas y al trabajo que hacen, porque estos versículos nos exigen reconocer que estamos arruinadas por el pecado e impotentes para satisfacer nuestra necesidad humana más fundamental: el perdón y una relación restaurada con nuestro Creador. No tenemos motivo para gloriarnos, lo cual nos incomoda hasta que leemos el siguiente versículo:

> Pues somos la obra maestra de Dios. Él nos creó de nuevo en Cristo Jesús, a fin de que hagamos las cosas buenas que preparó para nosotros tiempo atrás.
>
> EFESIOS 2:10

Si bien no podemos trabajar para ganar lo que más necesitamos, la buena noticia del evangelio es que Jesús hizo la obra *por nosotras*. Gracias a la cruz, Dios hace una obra de recreación *en* nosotras por su gracia. Somos hechura suya o, como lo expresan algunas traducciones de la Biblia, «su obra maestra». Fuimos hechas personas nuevas a través de nuestra unión con Cristo para que podamos llevar a cabo las buenas obras que Dios preparó de antemano para que hiciéramos; ¡incluyendo nuestro trabajo normal y cotidiano! Esta es una noticia sorprendentemente buena para las mujeres cuya visión y práctica del trabajo está distorsionada por la idolatría. Cuando Dios nos concede la identidad en Cristo, también comienza a redimir progresivamente nuestra relación con el trabajo. En su libro *Toda buena obra*, Tim Keller escribe:

> El evangelio nos libera de la presión incesante de tener que demostrar lo que valemos y de asegurar nuestra identidad a través del trabajo, porque ya se ha demostrado lo que valemos y estamos asegurados. [...] El trabajo se convierte ahora en una forma de amar al Dios que nos salvó gratuitamente; y, por extensión, una forma de amar al prójimo[1].

¿Trabajo secular o trabajo santo?

Entonces, ¿cómo sería esto a nivel práctico? ¿Cuáles *son* las cosas buenas que Dios preparó para que las mujeres hiciéramos aquí en la tierra? Tristemente, cuando pensamos en Efesios 2:10, a menudo tendemos a establecer algunas divisiones entre trabajo santo y secular. Por ejemplo, cosas como alimentar a los desamparados en un comedor de beneficencia, leer la Biblia y orar, enseñar en la escuela dominical o ir a un viaje misionero parecen ser el tipo de buenas obras de las que Pablo está hablando. Al fin y al cabo, estas son cosas «de la iglesia». ¿Qué podemos decir acerca de ser fieles en un trabajo común todos los días?

¿De las labores de construir y mantener un hogar donde los demás tangan alimento, vestimenta y amor? ¿De plantar un jardín o preparar una deliciosa comida? ¿Del trabajo creativo de escribir música, poesía y libros o el trabajo innovador y técnico de construir aviones, casas y lavadoras? ¿Del trabajo de preparar lecciones para enseñarles a los niños o ver pacientes todos los días en un hospital?

Creo que es común, incluso para los creyentes, considerar la primera lista de trabajos como «sagrada» y la segunda lista como «secular» y, por lo tanto, no conectada con nuestra vida espiritual. Pero para quienes estamos en Cristo, en realidad no hay división. Ya sea que se trate de un empleo remunerado o un servicio no remunerado, *todo* trabajo es un medio para buscar primero el reino y la gloria de Dios, en lugar de la nuestra. *Toda* clase de trabajo es una oportunidad para amar a Dios y a los demás mientras gobernamos y cultivamos el mundo que él nos dio para que administremos. Según el famoso reformador Martín Lutero:

> Todas las ocupaciones tienen su propio honor ante Dios. El trabajo común es una vocación o llamado divino. En nuestro trabajo diario, a pesar de lo importante o rutinario que sea, servimos a Dios sirviendo al prójimo, y también participamos en la providencia continua de Dios para la raza humana[2].

Pablo les recuerda a los creyentes que somos «siervos de Cristo» y que, por lo tanto, debemos hacer todo lo posible para llevar a cabo «la voluntad de Dios con todo el corazón» en el trabajo que hacemos (Efesios 6:6). Independientemente de lo que hagamos, nos dice: «Trabajen con entusiasmo, como si lo hicieran para el Señor y no para la gente» (Efesios 6:7). No hay necesariamente un molde «único» cuando se trata del trabajo de las mujeres. Si bien la motivación y el propósito que subyacen en el trabajo de una mujer cristiana nunca deben cambiar, es probable que el tipo de trabajo que cada una haga sea diferente, dependiendo de las diferentes estaciones y etapas de la vida. El trabajo de una madre soltera será diferente del trabajo de la mujer casada sin hijos. El trabajo de una estudiante universitaria diferirá del trabajo de una mujer de sesenta años, pero la motivación final de nuestro trabajo es la misma. Hay innumerables maneras de usar nuestros dones, talentos, educación y recursos para glorificar a Dios mientras promovemos y mejoramos la vida en el mundo que él creó. Recordar que nuestra identidad está en Cristo, no en nuestra carrera, nos permite trabajar para el Señor con un corazón recto, tomando sugerencias para nuestra vida de la Palabra en lugar de tomarlas del mundo.

Dadoras de vida en el hogar

Cuando nací, mi madre dejó atrás una carrera prestigiosa y un salario considerable para quedarse en casa conmigo y, más tarde, con mis hermanos. Durante los dieciocho años que estuve en casa, y mucho más allá de ese tiempo, observé cómo ella ejercía hábilmente su agudo intelecto, talentos y dones para cuidar de nuestra familia y cultivar nuestro hogar para convertirlo en un refugio cálido para nosotros y para los demás. Mi mamá invirtió incansablemente en el crecimiento y el bienestar de sus hijos de innumerables maneras. Nos nutrió con comidas calientes, ropa planchada, oraciones, tiempo de calidad, consejos sabios, regalos, enseñanza bíblica y participación intencional en nuestra vida. Organizaba fiestas de cumpleaños, viajaba a cientos de eventos deportivos, corregía nuestros trabajos de inglés y nos enseñaba a nosotros (y a nuestros amigos) matemáticas. Cuando mis hermanos y yo éramos adolescentes, nuestra casa era a menudo el lugar donde nuestros amigos querían pasar el rato. Nuestra puerta siempre estaba abierta, nuestra cocina estaba limpia y era cálida y nuestra despensa estaba llena de bocadillos porque mi madre se entregó amorosa y sacrificialmente al trabajo del hogar y la familia. El fruto de su trabajo es incalculable. A pesar de esto, recuerdo que una amiga una vez me preguntó: «¿Qué hace tu mamá todo el día ya que no trabaja?». Fue una pregunta bastante tonta e ignorante dado que mi madre era, probablemente, el ser humano más inteligente y trabajador que conocía. La pregunta también reveló que, a menudo, lo que el mundo dice sobre el trabajo moldea nuestro pensamiento más que lo que la Biblia manifiesta al respecto, incluso desde una edad temprana.

El mundo declara con frecuencia que una mujer que se dedica por completo al trabajo del hogar y de criar a los hijos está desperdiciando su potencial y se está conformando con una vida insatisfactoria de monotonía doméstica y aburrimiento. A menudo nuestra cultura hace referencia a ellas como «solo mamá», y parece dar por sentado que las madres que se quedan en casa no tienen una vocación «verdadera» en la cual encontrar su identidad. Las Escrituras, por otro lado, ordenan y elogian la obra de criar a la próxima generación en el hogar. Desde el principio, el plan de Dios para su mundo se centró en la multiplicación fructífera. Recuerda que Dios bendijo a Adán y a Eva y les dijo que se reprodujeran y llenaran el mundo con más portadores de su imagen (Génesis 1:28). El cumplimiento de esta misión no puede suceder sin que las mujeres se entreguen al trabajo difícil y de vital importancia de dar a luz, alimentar y nutrir la vida física. Hay un claro llamado bíblico a que las madres y los padres se propongan educar a la próxima generación en los caminos del Señor (Deuteronomio 6:4-9). También hay un mandamiento claro que señala que las mujeres cristianas mayores deben enseñar a las creyentes más jóvenes lo que es bueno: «Esas mujeres mayores tienen que instruir a las más jóvenes a amar a sus esposos y a sus hijos, a vivir sabiamente y a ser puras, a trabajar en su hogar» (Tito 2:4-5).

Permíteme ser clara. Si bien la Biblia llama a las esposas y madres a centrarse en el hogar, no existe una prohibición bíblica que impida que las mujeres trabajen fuera del hogar. De hecho, la mujer virtuosa de Proverbios 31 es alabada por buscar trabajo fuera de su hogar para beneficio de quienes están dentro de él (Proverbios 31:16, 18, 24). Existen numerosas circunstancias y temporadas en las que las esposas y las madres necesitan trabajar fuera del hogar para el beneficio de sus familias. Además, Dios, en su buena providencia, no llamó a todas las mujeres a ser esposas y madres de hijos en un núcleo familiar. El trabajo de las mujeres cristianas que no tienen hijos no es menos importante para los propósitos del reino de Dios que el trabajo de quienes sí tienen hijos. Para las muchas mujeres que Dios *llamó* a ser esposas y madres, sin embargo, nutrir la vida en el hogar es un trabajo de vital importancia. Debemos darle prioridad y hacerlo de todo corazón, como si estuviéramos sirviendo al Señor a través del servicio a nuestra familia (Efesios 6:7). Este es un trabajo que todos deberían apreciar en gran manera, en lugar de considerarlo insignificante y degradante. Lejos de ser insignificante, el trabajo en el hogar es una vocación elevada que requiere gran fuerza y habilidad en una variedad de áreas. Me anima lo que G. K. Chesterton manifiesta al respecto:

> Ser la reina Isabel dentro de un área definida, decidiendo ventas, banquetes, trabajos y días festivos; ser Whiteley dentro de un área determinada, proporcionando juguetes, botas, sábanas, pasteles y libros; ser Aristóteles dentro de un área determinada, enseñando moral, modales, teología e higiene; puedo entender que esto podría agotar la mente, pero no puedo imaginar cómo podría reducirla. ¿Cómo puede ser una gran profesión contarles a los hijos de otras personas sobre la regla de tres y una profesión pequeña contarles a los propios hijos sobre el universo? ¿Cómo puede ser amplio ser lo mismo para todos y estrecho ser todo para alguien? No, la función de una mujer es laboriosa, pero porque es gigantesca, no porque sea diminuta[3].

Dadoras de vida en la iglesia

Eran las nueve de la noche de un martes, la sala de estar de tamaño modesto estaba llena de chicas de primer año de la universidad. Las estudiantes estaban sentadas en los muebles, el suelo y las escaleras que conducían a otra parte de la casa; la habitación en realidad estaba llena. Toma Knight, la esposa del pastor de la universidad, nos había invitado a participar en un estudio bíblico versículo por versículo del libro de Santiago. Esa noche era mi primera vez en la casa de los Knight, pero no sería la última. No tardé en llegar a amar y a respetar inmensamente a Toma. El amor por Cristo y la pasión por su Palabra simplemente rezumaban de ella. Por lo general, no podía hablar del Señor sin que le brotaran lágrimas de gratitud de los ojos. Toma fue mi mentora durante mis años universitarios, los primeros viviendo lejos de casa. A lo largo de su vida, les dio la bienvenida a su hogar a un número incalculable de estudiantes universitarias de la iglesia para alimentarlas, amarlas y enseñarles las Escrituras. Toma ama a los demás genuinamente y anhela ayudarlos a crecer en su devoción a Cristo. Ella es el epítome de una madre espiritual.

La Biblia llama a las mujeres a ser dadoras de vida, no solo en el hogar, sino también en la iglesia. Antes de que Jesús resucitado ascendiera al cielo, les dio a sus primeros seguidores un nuevo mandato de trabajo que se basaba y ampliaba el original dado a Adán y a Eva en Génesis 1. Jesús les ordenó a sus discípulos que fructificaran y se multiplicaran haciendo más discípulos (Mateo 28:19-20). En esencia, llamó a quienes se identifican con él por fe al trabajo de construir y nutrir la vida en una nueva familia: su iglesia. Esto se hace a través de la evangelización (compartir el evangelio y llamar a los perdidos a la fe) y el discipulado (ayudar a los creyentes a ser más obedientes a Cristo). Como hemos visto, la iglesia es una parte fundamental de la misión de Dios de renovar este mundo maldecido por el pecado y de llenarlo con su gloria.

Es fácil dejar el trabajo de la iglesia a pastores, líderes, misioneros y a aquellos con un llamado especial al ministerio cristiano vocacional. *Después de todo, creemos que eso es por lo que se le paga a la mayoría de ellos.* Esta es una suposición común, pero la Biblia es clara respecto a que *todos* los creyentes tenemos dones espirituales y fuimos llamados a la buena obra de edificar el cuerpo de Cristo. Pablo escribe:

> Ahora bien, Cristo dio los siguientes dones a la iglesia: los apóstoles, los profetas, los evangelistas, y los pastores y maestros. Ellos tienen la responsabilidad de preparar al pueblo de Dios para que lleve a cabo la obra de Dios y edifique la iglesia, es decir, el cuerpo de Cristo. Ese proceso continuará hasta que todos alcancemos tal unidad en nuestra fe y conocimiento del Hijo de Dios que seamos maduros en el Señor, es decir, hasta que lleguemos a la plena y completa medida de Cristo.
>
> EFESIOS 4:11-13

Cuando Jesús ascendió al cielo después de la resurrección, le dio una variedad de dones espirituales a su pueblo con el propósito de capacitarnos para cumplir la misión que nos dio para hacer. Los líderes de la iglesia, en particular aquellos que ministran la Palabra de Dios, tiene el don de enseñar y equipar a *todos* los creyentes para la obra del ministerio para que la iglesia crezca adecuadamente y, al final, alcance la plena madurez en Cristo cuando él regrese (Efesios 4:12-13). Independientemente de si una mujer cristiana está llamada a criar hijos físicos en el hogar, no queda duda de que está llamada a ayudar a criar hijos espirituales en la iglesia. La familia de Dios no está compuesta por aquellos que comparten lazos de sangre, sino por aquellos que comparten la misma fe y el mismo Espíritu Santo; por lo tanto, no hay mujeres sin hijos en la familia de Dios. Como mujeres en Cristo, *todas* somos hijas y madres espirituales. Esto se vive de diversas maneras a medida que usamos los diferentes dones que Dios nos ha otorgado para ayudar a su cuerpo a crecer.

Nutrir la vida en la iglesia puede consistir en reunirse a menudo con una mujer más joven para tomar un café y estudiar las Escrituras juntas. Podría ser abrir tu casa semanalmente para recibir a un grupo pequeño, colaborar con el cuidado de niños en la iglesia o servir café y saludar a las personas los domingos por la mañana. Puede ser preparar comidas para quienes sufren, orar y animar a los débiles o ayudar a satisfacer las necesidades económicas de quienes están luchando en tu comunidad local. Algunas podrían tocar un instrumento durante el servicio de adoración el domingo por la mañana o preparar presentaciones en PowerPoint con las letras de las canciones para la congregación. Otras pueden enseñar en el ministerio estudiantil, escribir una carta de aliento a una creyente mayor, dirigir un estudio bíblico para mujeres o mantener actualizado el sitio web de la iglesia.

A medida que buscamos discernir y usar nuestros dones para servir a la iglesia, tengamos cuidado de no crear (o reforzar) esa falsa dicotomía sagrada/secular en nuestra mente. Debemos recordar que el trabajo de nutrir la vida en la iglesia no está desconectado del trabajo que hacemos cada día de la semana. De hecho, el trabajo de la gran comisión de Mateo 28:19-20 comienza dondequiera que estemos. Ya sea que trabajemos en nuestro hogar, en una oficina, en una tienda, en un salón de clases, en un hospital o en cualquier otro lugar, la gloriosa tarea de hacer discípulos comienza allí cuando compartimos el evangelio con los perdidos y les rogamos que acudan a Cristo. Pero nuestro trabajo no termina ahí. Culmina con el servicio a la iglesia local, utilizando fielmente nuestros dones para cultivar la vida espiritual en los demás mientras confiamos en que Dios traerá el crecimiento.

En resumen

Cuando era estudiante de Psicología en una universidad pública, pospuse tomar una clase de métodos de investigación (supuestamente difícil) hasta que estuve cerca de graduarme. La clase terminó no siendo tan mala como esperaba, y me fue bien. Después de nuestro proyecto final, el profesor me preguntó sobre mis planes futuros. Suponiendo que yo cursaría una maestría en algún área de la Psicología, quería que considerara trabajar para él como asistente de investigación. Cuando le dije que planeaba casarme después de graduarme y asistir al seminario con mi esposo para prepararme para el ministerio cristiano, quedó sorprendido y desconcertado. La expresión en su rostro parecía decir: «¿Por qué desperdiciarías tu potencial en *eso*?».

El mundo no puede entender el verdadero propósito y valor de todo el trabajo que hacemos porque el mundo está espiritualmente ciego, muerto en pecado y es incapaz de glorificar a Dios. A quienes estamos en Cristo, se nos dio un corazón y ojos nuevos para ver. Ahora vemos nuestro trabajo a través de una lente moldeada por el evangelio. Entendemos que trabajar por fe en Cristo para la gloria de Dios y el bien de quienes nos rodean hace que nuestro trabajo tenga significado eterno.

Muchas de las buenas obras que Dios preparó para que hagamos ni redundarán en una gran cuenta bancaria ni generarán un gran número de seguidores en Instagram, pero en la economía de Dios, el trabajo que nuestra cultura ni ve ni reconoce puede, irónicamente, ser el que más cambia el mundo. El trabajo que exige que muramos a la búsqueda de hacernos un nombre y que nos entreguemos al servicio de los demás por el bien del nombre *de Dios* es revolucionario y eterno. Como mujeres arraigadas en Cristo, cuidemos fielmente los jardines que él puso a nuestro cuidado. Confiemos en que él establecerá la obra de nuestras manos y hará que dé fruto para sus propósitos y gloria (Salmo 90:17).

Preguntas para la reflexión y el debate

1. Cuando se trata de tu trabajo, ¿es más probable que sientas orgullo o inseguridad? ¿Oscilas entre los dos?
2. Lee Génesis 1:28. ¿Cuál era el propósito del trabajo? ¿Cómo se distorsionó la relación de la humanidad con el trabajo?
3. Lee Efesios 2:8-10. ¿De qué manera este pasaje es a la vez una sacudida aleccionadora y una muy buena noticia para aquellas que se idolatran a sí mismas y al trabajo?
4. Al pensar en el trabajo que haces (o quieres hacer), ¿eres propensa a trazar divisiones entre trabajo santo y secular? ¿De qué forma Efesios 6:5-9 aplica tanto a los empleados como a los empleadores cristianos?
5. Contrasta la visión que el mundo tiene de las mujeres que se entregan plenamente a las labores del hogar y la familia con el llamado de las Escrituras a las mujeres a ser dadoras de vida en el hogar (ver Tito 2:3-5). ¿Fuiste moldeada más por el mundo o por la Palabra en esta área?
6. Lee Efesios 4:11-16. ¿De qué manera estás usando tus dones para nutrir la vida en la iglesia? Si no lo estás haciendo, ¿cómo puedes empezar?
7. Piensa en una forma práctica en la que puedas animar a otra mujer cristiana cuyo trabajo sea diferente al tuyo. En lugar de hacer comparaciones, ¿cómo puedes estimularla a servir a los demás y glorificar a Dios a través de sus labores?

CAPÍTULO 7

Amistad auténtica

Soportándonos las unas a las otras con amor

Por lo tanto, yo, prisionero por servir al Señor, les suplico que lleven una vida digna del llamado que han recibido de Dios, porque en verdad han sido llamados. Sean siempre humildes y amables. Sean pacientes unos con otros y tolérense las faltas por amor. Hagan todo lo posible por mantenerse unidos en el Espíritu y enlazados mediante la paz.

EFESIOS 4:1-3

ERA UNA NOCHE FRÍA a principios de la primavera del 2009. Estacioné mi auto y me apresuré a entrar en el gran edificio, ansiosa por ubicar el cálido salón de clases. Llegué y entré a una habitación silenciosa y casi vacía. Había solo unas pocas mujeres sentadas. Como no conocía a nadie, elegí un lugar que estaba en la parte de atrás. A medida que llegaban más damas, las charlas llenaban la silenciosa habitación. Como no soy de las que suelen iniciar una conversación con personas que no conozco, me dediqué a mirar mi teléfono hasta que una voz alegre a mi lado llamó mi atención: «¡Hola! Soy Christy. ¿Cómo te llamas?». Una rubia menuda se dejó caer en el asiento de al lado con una sonrisa amistosa.

Era la primera noche del instituto del seminario para esposas de pastores, cuyo propósito era ayudarnos a prepararnos para acompañar el ministerio vocacional.

Adam y yo acabábamos de mudarnos a más de 300 kilómetros de casa para estudiar en el Southern Baptist Theological Seminary (Seminario Teológico Bautista del Sur). Adam acababa de empezar las clases y, aunque yo planeaba obtener un título con el tiempo, estábamos tratando de encontrar trabajo y de asentarnos en una nueva ciudad. El instituto del seminario para esposas de pastores, un programa gratuito una noche a la semana, parecía un buen lugar para comenzar. Pronto supe que Christy había tomado la misma decisión.

Las dos comenzamos a charlar y, de inmediato, nos dimos cuenta de que teníamos mucho en común. Christy y su esposo también eran jóvenes del sur recién casados que acababan de terminar la universidad y se habían mudado para asistir al seminario. Al igual que nosotros, vivían en un pequeño departamento y trabajaban como vendedores para llegar a fin de mes mientras cursaban una maestría. Esa primera noche en clase, Christy y yo intercambiamos números de teléfono e hicimos planes para reunirnos a almorzar y luego cenar con nuestros esposos. El resto es historia. Pronto nos hicimos amigas y disfrutamos de una dulce amistad durante los siguientes cuatro años que vivimos en la misma ciudad.

Mirando atrás, este fue un comienzo bastante típico para todas mis amistades femeninas en las primeras dos décadas y media de mi vida. Desde la escuela primaria hasta el seminario, me resultaba fácil hacer amigas. Esto no se debe a que sea especialmente agradable ni una amiga fantástica para los demás. Creo que tiene más que ver con la bondad de Dios y mis circunstancias. Nací y crecí en un pequeño pueblo adorable y, naturalmente, me entendía con algunas de las chicas con quienes crecí. Éramos similares en todos los aspectos; desde el estatus socioeconómico de nuestros padres hasta nuestra educación religiosa, intereses, aptitudes e incluso estilos de vestir. Estas chicas fueron regalos preciosos para mí en mis años de crecimiento. En la universidad, sucedía lo mismo. Por supuesto, ninguna de las amistades que mencioné eran perfectas (porque ninguna amistad lo es). Hubo desacuerdos y conflictos aquí y allá pero nada importante. Debido a que hacer amigas me resultaba relativamente fácil, pasaron muchos años antes de que en realidad evaluara la clase de amiga que soy o pensara profundamente sobre cómo desarrollar y mantener amistades cristianas.

Necesarias, buenas y difíciles

Después de nuestros años en el seminario, el concepto y la forma de hacer amistades cambiaron profundamente para mí. Adam fue contratado como pastor de discipulado en una iglesia mediana en un pueblo pequeño de Alabama. Yo me quedé en casa como mamá a tiempo completo, nuestro segundo hijo venía en camino. Conocimos de inmediato a personas maravillosas en nuestra nueva iglesia: personas que nos amaban y nos cuidaban muy bien. A medida que me adaptaba a los largos días en casa cuidando a mi pequeño, sin embargo, comencé a experimentar una emoción que era completamente desconocida para mí: la soledad. Durante veinticinco años, siempre había tenido amigas en la misma etapa de la vida en la que yo estaba y mucho tiempo para pasar con ellas. En nuestra nueva iglesia, la mayoría de las mamás de mi edad trabajaban fuera de casa. En realidad no había nadie a quien llamar para que los hijos compartieran un rato de juego en casa a mitad de semana o para ir al parque. No me conecté de inmediato con alguien igual a mí. De hecho, en esos primeros meses me sentí como una forastera en una comunidad donde todos tenían amigos y familiares cerca. Los períodos de soledad no son divertidos, pero a menudo es en los momentos de lucha y carencia que Dios hace la obra más hermosa de transformación en nuestro corazón. Dios usó ese tiempo como un trampolín para remodelar mi visión de la amistad. Comenzó a ayudarme a entenderlo a través del lente del evangelio.

La amistad es uno de los mayores dones de Dios y una de las bendiciones más grandes de la vida. Debido a que estamos hechas a la imagen de un Dios relacional, un Dios que existe en la perfecta comunión de tres personas, el deseo de amistad está entretejido en la tela de nuestro ADN. Anhelamos la conexión y el compañerismo, anhelamos conocer y ser conocidas por los demás. Queremos estar en relación con quienes comparten nuestros intereses y en quienes podemos confiar en momentos de necesidad. Las amistades son importantes para el desarrollo humano saludable. El gran pastor y teólogo Jonathan Edwards se refirió a esto cuando escribió: «El bienestar y la felicidad de la sociedad es la amistad. Es la felicidad suprema de todos los agentes morales»[1]. Casi todo es mejor cuando se comparte con una amiga.

Ya sea que seamos jóvenes o viejos, hombres o mujeres, solteras o casadas, todos necesitamos y queremos tener verdaderos amigos. Pero las amistades entre pecadores pueden ser complejas y desafiantes. Hay algunos problemas específicos que tienden a asomar sus feas cabezas en las amistades femeninas. Incluso en la infancia, a menudo existen conflictos, exclusividad y camarillas entre grupos de niñas, lo que expone la inseguridad, entre otros problemas. Las amistades pueden volverse posesivas o codependientes, lo cual revela nuestra tendencia a buscar en las personas lo que solo Dios puede darnos. Tristemente, estos problemas no necesariamente mejoran con el tiempo y la edad, sino que a ellos se les suman las dificultades por falta de tiempo, el cambio de estaciones de la vida y el cambio de ubicación. Los amigos crecen, se casan y se mudan. Las amistades que alguna vez fueron cercanas se desvanecen y, a veces, se disuelven por completo. Es probable que todas las mujeres hayan experimentado períodos de soledad en la vida; temporadas en las que parecía que no podían encontrar una amiga verdadera. También hay que tener en cuenta el problema de la confianza y de ser auténtica en la amistad. Debido a las heridas del pasado y al miedo a lo que pensarán los demás, puede resultarnos difícil abrirnos y ser transparentes.

Para nuestra grata sorpresa, el evangelio habla acerca de este asunto complicado de la amistad. La Buena Noticia de la vida, la muerte y la resurrección de Cristo puede redimir las partes quebrantadas de nuestras amistades y remodelarlas de maneras hermosas.

Una verdadera amiga, una familia para siempre

Fundamentalmente, el evangelio le da forma a nuestras amistades al asegurarnos un amigo fiel a quien nunca podemos perder. Aunque las palabras pueden sonar trilladas y cursis, la realidad es profundamente reconfortante: si estás en Cristo, Jesús es tu verdadero amigo para siempre. En un mundo donde las amistades (incluso entre creyentes) están llenas de desafíos y cambios, esta verdad nos ofrece una paz y seguridad profundas.

Jesús es el único amigo que te eligió, te amó, murió por ti y buscó una relación contigo cuando no eras digna de ser amada. Ningún otro amigo podría amarte con esa clase de afecto, devoción y sacrificio tan profundos (Juan 15:13). En Cristo, Dios te dio un amigo que sabe todo sobre ti y nunca te hará daño, a pesar de cómo lo trates en algún momento determinado de tu vida. Jesús es tu compañero constante, tanto ahora como por toda la eternidad, independientemente de cómo tus otras amistades fluyan, cambien y decaigan con el transcurso del tiempo. Es un amigo que no solo *te* conoce, sino que también quiere que lo conozcas a *él*, y es el único que puede satisfacer tus necesidades relacionales más profundas y esenciales. Una amistad íntima con Cristo es el cimiento para amistades satisfactorias que glorifican a Dios en la tierra.

¡Pero Jesús es un amigo que no puedo ver! Mi hijo de once años recientemente articuló lo que es probable que muchas de nosotras estemos pensando. Jesús es un amigo que no podemos ni ver ni oír ni tocar en un

sentido físico en este momento y, como criaturas de carne y hueso, naturalmente anhelamos la presencia física. Le recordé a mi hijo que Dios, en su bondad, no solo nos dio a Cristo, sino que también nos dio su cuerpo: la iglesia. Si bien solo Cristo es la fuente que puede satisfacer nuestra sed relacional más profunda (Juan 4:14), él cuida de nuestras necesidades relacionales de muchas maneras a través de los miembros de su cuerpo. La iglesia está formada por personas con quienes podemos compartir una amistad tangible en este momento.

En el capítulo 4, vimos que Dios unió a quienes estamos *en Cristo* en un solo cuerpo llamado la iglesia (Efesios 2:18-19). Pablo reitera la profundidad de la unidad de la iglesia en Efesios 4, donde escribe:

> Pues hay un solo cuerpo y un solo Espíritu, tal como ustedes fueron llamados a una misma esperanza gloriosa para el futuro.
>
> Hay un solo Señor, una sola fe, un solo bautismo, un solo Dios y Padre de todos, quien está sobre todos, en todos y vive por medio de todos.
>
> EFESIOS 4:4-6

Los creyentes de todo el mundo y a través del tiempo fueron bautizados espiritualmente en el cuerpo de Cristo y comparten la misma fe, Espíritu, Señor y Padre. Esta profunda unidad espiritual debe vivirse de manera práctica dentro de las iglesias locales a través de amistades profundas e íntimas: amigos unidos por Cristo y comprometidos los unos con los otros como miembros de la familia eterna.

Tendemos a pensar en los amigos y en la familia como entidades relacionales separadas, pero según las Escrituras, los mejores amigos son aquellos que son tan leales como debería ser un hermano biológico: «Hay quienes parecen amigos, pero se destruyen unos a otros; el amigo verdadero se mantiene más leal que un hermano» (Proverbios 18:24). En su libro *When the Church Was a Family* (Cuando la iglesia era una familia), el profesor Joe Hellerman explica la importancia de las relaciones entre hermanos en el mundo antiguo:

> La lealtad a los hermanos estaba en el centro de las antiguas sensibilidades mediterráneas [...]. El vínculo afectivo más intenso no se producía entre cónyuges en el matrimonio, sino entre hermanos que compartían el mismo padre. [...] El único lugar en el mundo antiguo donde una persona podía esperar encontrar un frente unido, era en el grupo familiar donde los hermanos y hermanas descendían de la misma sangre[2].

En el antiguo mundo bíblico, los hermanos biológicos eran los amigos más fieles. Los hermanos eran quienes mejor se conocían y se amaban; quienes se cubrían la espalda. Tiene sentido, entonces, que Pablo usara con tanta frecuencia la metáfora familiar y el término «hermanos y hermanas» (139 veces en sus 13 cartas del Nuevo Testamento) en lugar del término «amigos» al referirse a las relaciones en la iglesia. Hellerman explica: «Al igual que Jesús (Mateo 12:46-50), Pablo veía a la iglesia como una familia sustituta. [...] Para Pablo, la unidad de los hermanos en la iglesia cristiana es una extensión lógica de su comprensión del mundo en el que vivía»[3].

¿Quién es tu gente?

Es probable que hayas escuchado a alguien decir: «¡Esa es mi gente!». Ya sea que se trate de una referencia a miembros de la familia, amigos, un equipo deportivo o un partido político, considerar a cualquier grupo como «tu gente» es identificarte fuertemente con ellos. Tu gente es aquella con quienes tienes un sentido de pertenencia mayor, ya sea por relaciones de sangre, intereses comunes, una visión del mundo compartida o amor y afecto mutuos. En algunos casos, podrías decir que tu gente es la que más conoces y amas... y aquellos que te conocen mejor y te aman más.

En la segunda mitad de Efesios, Pablo explica cómo la profunda unidad espiritual de la iglesia universal se debe vivir de manera visible en la iglesia local. Con el fin de aplicar esta instrucción correctamente a nuestra propia vida hoy, necesitamos entender dos suposiciones de Pablo. En primer lugar, Pablo da por sentado que estar en Cristo es ser un miembro activo de una iglesia local. En segundo lugar, que los cristianos consideren a la iglesia *su gente*, el grupo con el que se identifican con más fuerza, debido a la unidad espiritual que trasciende todas las similitudes y diferencias. En la práctica, esto significa que las amistades más profundas del creyente, esas amistades que se viven «como si fueran familia», se forman dentro de la iglesia local.

Ahora, por favor, escúchame con atención. Las Escrituras no indican en ninguna parte que los creyentes no debamos disfrutar de ricas amistades con personas fuera de nuestra iglesia local. Tampoco suponen que compartiremos una amistad cercana con cada uno de los miembros de nuestra iglesia (o que nuestras amistades nunca cambiarán ni se terminarán). Debido a nuestras limitaciones humanas, esto no es posible. Las Escrituras enseñan que estar unidos a Cristo por la fe significa que su pueblo se convierte en nuestro pueblo de una manera que es más que solo teórica. Necesitamos desesperadamente amistades auténticas, como hermanas, en la familia de Dios; amigas con quienes comer, reír y orar... amigas en quienes apoyarnos para obtener ayuda cuando llega la crisis. No fuimos creadas para caminar solas por esta vida.

A lo largo del Nuevo Testamento, hay unos cincuenta y nueve mandamientos «unos a otros», los cuales instruyen a la iglesia sobre cómo vivir de manera práctica en relación los unos con los otros. En Efesios solo estamos llamados a tolerarnos los unos a los otros en amor (Efesios 4:2), a hablar verdad los unos con los otros (Efesios 4:25), a ser amables los unos con los otros (Efesios 4:32), a perdonarnos los unos a los otros (Efesios 4:32), a cantar salmos e himnos los unos con los otros (Efesios 5:19) y a someternos los unos a los otros (Efesios 5:21). Se nos dice en otros lugares que nos deleitemos en mostrarnos honor los unos a los otros (Romanos 12:10), que debemos preocuparnos los unos por los otros (1 Corintios 12:25) y servirnos los unos a los otros (Gálatas 5:13), y la lista sigue y sigue. No podemos obedecer estos mandamientos si la única vez que estamos con el pueblo de Dios es un par de horas los domingos por la mañana. Para poder cumplir estos mandamientos necesitamos pasar tiempo adicional juntas (tomar un café antes de ir a trabajar, abrir nuestra casa, servir una al lado de la otra) y hacer un compromiso contracultural con el pueblo de Dios como nuestro pueblo. A medida que vivimos fielmente la unidad espiritual de la familia de Dios de maneras tangibles, se forman profundos lazos relacionales; a veces, entre amigos que de otro modo serían improbables.

Amistades improbables

Cuando se trata de amistad, la mayoría de nosotras tenemos una o dos inclinaciones naturales que afectan nuestras relaciones en la iglesia. La primera tendencia es sentarnos y esperar que alguien se acerque a nosotras, con la esperanza de que nos vea y satisfaga nuestras necesidades relacionales. La segunda tendencia es acercarnos pero solo hacia aquellas personas con quienes compartimos similitudes obvias. A medida que el evangelio reorienta nuestra comprensión de la amistad, el Espíritu Santo nos empodera para vivir de maneras que anulan esas tendencias naturales.

Los muchos mandamientos «los unos a los otros» de las Escrituras nos llaman a ser proactivas y generosas en las relaciones, dando el primer paso hacia las demás. Ni una sola vez la Biblia insinúa que debemos sentarnos y esperar a que alguien cumpla con «el uno al otro» primero.

Cuando buscamos a las demás, sin embargo, debemos tener cuidado de no mostrar parcialidad (Santiago 2:1), extendiéndole la mano solo a aquellas que se visten como nosotras, piensan como nosotras o se encuentran en la misma etapa de la vida. Estemos conscientes de no solo acercarnos a aquellas personas con quienes coincidimos externamente o a aquellas con quienes nos resulta fácil hablar. No podemos estar relacionalmente cerca de cada una de las personas de nuestra iglesia (y naturalmente gravitaremos hacia aquellas con similitudes), pero el Espíritu Santo nos empodera para mostrar amor sin discriminar.

Durante la temporada de soledad que experimenté en nuestra primera iglesia, el Señor fue muy bondadoso conmigo. A medida que Adam y yo nos sumergíamos en la vida de la iglesia, Dios nos bendijo con algunas de las amistades más dulces e inesperadas. Nunca encontré una amiga joven que fuera madre con quien compartir momentos regulares para que los niños jugaran juntos, pero sí tuve amistad con dos preciosas parejas de mediana edad que amaban a mis hijos como a sus propios nietos. Estas parejas nos cuidaron, nos abrieron su hogar y nos amaron de verdad. También creé lazos con una hermana menor en Cristo que acababa de graduarse de la universidad y estaba ansiosa por crecer en la fe. Al principio, ella se acercó a mí por el discipulado, y pronto desarrollamos una amistad basada tanto en nuestro amor compartido por Cristo como en nuestro amor mutuo por la lectura, por el estudio de la teología y por correr. Se formaron otras amistades preciosas con un grupo de mujeres de diferentes edades, quienes deseaban crecer espiritualmente y servir en el ministerio de mujeres. Estudiábamos, aprendíamos, orábamos, planeábamos y dirigíamos juntas con regularidad. Si hubiera encontrado personas como yo, me hubiera perdido estas queridas amistades en el Señor.

En nuestra iglesia actual, el Señor me dio una variedad de amistades, y experimenté toda la gama de emociones en estas relaciones. Sentí la gratitud de tener hermanas en Cristo que me dieron la bienvenida de inmediato a su vida cuando era nueva en la iglesia. Disfruté de amistades con mujeres solteras en diferentes etapas de la vida. Conocí la angustia por los amigos que se mudaron y experimenté la emoción de hacer amistades nuevas. Valoré la cercanía relacional de los «amigos que son como familia» y el don de hermanas con quienes puedo orar y compartir mi corazón. También experimenté tanto temporadas de soledad como conflictos y dolor en la amistad. Estas experiencias revelan tanto la belleza como los desafíos de las relaciones dentro de la iglesia. Debido a que somos pecadoras en recuperación, mantener la armonía es un trabajo duro. Vivir en la práctica la unidad que compartimos en Cristo requiere el poder del Espíritu Santo y nuestro propio esfuerzo impulsado por la gracia.

Estamos unificadas, así que mantengamos la unidad

Los problemas típicos que surgen en las amistades femeninas, como la camarilla, la exclusividad, la codependencia, los celos y el miedo a los hombres, lamentablemente, también infectan las relaciones entre las hermanas en Cristo. Estos son los principales obstáculos para la unidad cristiana que Pablo ordena a los creyentes salvaguardar cuando escribe:

> Les suplico que lleven una vida digna del llamado que han recibido de Dios, porque en verdad han sido llamados. Sean siempre humildes y amables. Sean pacientes unos con otros y tolérense las faltas por amor. Hagan todo lo posible por mantenerse unidos en el Espíritu y enlazados mediante la paz.
> EFESIOS 4:1-3

En este texto, Pablo describe la postura del corazón necesaria para que se desarrollen amistades saludables dentro de la iglesia. Debemos ser humildes, amables, pacientes y estar dispuestas a tolerarnos las faltas por amor. Vamos a desglosarlo.

Ser humildes

En su libro *La libertad de olvidarse de uno mismo*, Tim Keller escribe: «La esencia de la humildad del evangelio no es pensar más de mí mismo ni menos de mí mismo es pensar menos en mí mismo»[4]. En otras palabras, las personas humildes se centran principalmente en Jesús y en los demás. Cuando se trata de cultivar y mantener amistades, las mujeres humildes se concentran en *ser* verdaderas amigas para las demás. La humildad nos permite acercarnos a las miembros de nuestra iglesia con una actitud que diga: «¡Ahí estás! ¡Me gustaría ser tu amiga!», en lugar de: «¡Aquí estoy! ¡Exijo que satisfagas mis necesidades!». La verdadera humildad nos permite dar el primer paso. Nos permite sentarnos al lado de la persona que está sola durante el culto, iniciar una cita para tomar un café con una mujer que no conocemos muy bien, abrir nuestra casa a otras incluso si no nos invitan con la misma frecuencia o invitar a las nuevas creyentes a una reunión entre viejas amigas. La humildad nos impulsa a orar por nuestras hermanas con regularidad, pensando en sus necesidades y no solo en las nuestras. La humildad nos motiva a *ser* la amiga que desearíamos tener.

Mientras que el orgullo afirma: «Puedo manejar las cosas por mi cuenta», la humildad reconoce la verdad de que necesitamos ayuda y que Dios tiene la intención de que su pueblo viva vidas interconectadas de servicio mutuo. Cuando se enfrentan a necesidades físicas, espirituales y emocionales, las mujeres humildes son lo suficientemente vulnerables como para pedir y recibir ayuda de hermanas (y hermanos) de confianza en Cristo. Además, las mujeres humildes reconocen su necesidad de amistad con varias personas en la iglesia porque ninguna persona puede satisfacer todas las necesidades.

Ser amables y pacientes

Debido a que aún no fuimos perfeccionadas, es necesario perseverar pacientemente en apoyarnos las unas a las otras en los dolores del pecado y el sufrimiento. En las amistades dentro del cuerpo, vamos a encontrarnos a menudo con los patrones de pecado de las demás y, a veces, saldremos lastimadas. Ser amables y pacientes en la amistad significa que nos esforzamos por tratar a las demás de la manera en que Cristo nos trata a nosotras. No criticamos duramente los defectos de las demás y no descartamos automáticamente la relación cuando las cosas se ponen pesadas y difíciles. Soportar pacientemente a las demás significa que confiamos en que Dios está transformando a nuestras amigas (y a nosotras) a la imagen de Cristo en *su* tiempo, no en el nuestro. Necesitaremos perseverar con paciencia las unas con las otras en amor, buscando ser perdonadas y perdonando a menudo (Efesios 4:32) mientras sufrimos y luchamos contra el pecado que aún permanece en el camino hacia la gloria.

El amor dice la verdad

¿Soportarnos amable y pacientemente las unas a las otras con amor significa que hacemos la vista gorda ante los pecados de nuestras hermanas en Cristo? En nombre de la unidad, puede ser en extremo tentador esconder las cosas, evitando conversaciones difíciles que podrían conducir a un potencial conflicto. La Biblia enseña que el amor verdadero no se enoja con facilidad (1 Corintios 13:5) y cubre una multitud de ofensas insignificantes (1 Pedro 4:8), pero también nos enseña a decir la verdad en amor a nuestras hermanas en el Señor. Hay momentos en los cuales debemos hablar duramente sobre el pecado para ayudarnos unas a otras a crecer en Cristo. Pablo escribe:

> En cambio, hablaremos la verdad con amor y así creceremos en todo sentido hasta parecernos más y más a Cristo, quien es la cabeza de su cuerpo, que es la iglesia. [...]
>
> Así que dejen de decir mentiras. Digamos siempre la verdad a todos porque nosotros somos miembros de un mismo cuerpo.
>
> EFESIOS 4:15, 25

Debido a que nos pertenecemos las unas a las otras, nuestro mayor deseo para nuestras hermanas debe ser verlas crecer en la semejanza de Cristo. Si notamos el pecado que está atrofiando su crecimiento espiritual e impidiendo la verdadera unidad en el cuerpo, con amor debemos hacérselo notar e implorarles que se arrepientan (Mateo 18:15). Del mismo modo, si una amiga ve pecado en nuestra vida y nos confronta con amor, debemos autoevaluarnos y arrepentirnos con la humildad necesaria. Esto significa que habrá algunas conversaciones difíciles e incómodas en las amistades auténticas: palabras dichas con amor que, a pesar de eso, dolerán. Independientemente del extremo de la conversación en el que nos encontremos (y deberíamos estar en ambos a veces), debemos aprender a ver estas interacciones difíciles como lo que son: medios de la gracia de Dios para mantenernos alejadas del camino de la destrucción. Como menciona el proverbio: «Las heridas de un amigo sincero son mejores que muchos besos de un enemigo» (Proverbios 27:6).

Tengamos cuidado de no decir solo la verdad sobre el pecado. Cuando nuestro pecado es expuesto, ¡necesitamos con desesperación buenas noticias y esperanza! Necesitamos ayuda para recordar el perdón completo y la transformación prometida que son nuestros en Cristo. Al decir la verdad en amor a nuestras amigas, la verdad sobre el pecado *y* su remedio en el evangelio, nos estamos ayudando unas a otras a despojarnos de malos hábitos como la amargura, la ira, el enojo, las calumnias y la malicia (Efesios 4:31) y a vestirnos de bondad, ternura de corazón y perdón en su lugar (Efesios 4:32).

En resumen

Mirando atrás, puedo decir sinceramente que agradezco que las amistades no siempre hayan sido fáciles en mi vida adulta, porque Dios utilizó los desafíos para hacer una obra necesaria en mi vida. Lo más importante es que me llevó a una mayor dependencia de Jesús como mi verdadero amigo. También ha expuesto mi pecado a través de la amistad y, poco a poco, me está transformando para que sea una amiga más parecida a Cristo para las demás.

¿Cómo podemos sobrevivir a las temporadas de soledad que todas de seguro vamos a tener, aquellos períodos en los que no nos sentimos profundamente conectadas con nadie en nuestra iglesia y durante los cuales parece que nadie puede ni está dispuesta a satisfacer nuestras necesidades de amistad? ¿Y cómo hacemos para convertirnos en amigas humildes, pacientes y amables para las demás, tanto en tiempos de soledad como en tiempos donde las relaciones abundan? La única respuesta es Jesucristo.

Las amistades profundas y fraternales dentro de la iglesia solo funcionan bien cuando cada miembro tiene una fuerte amistad con la Cabeza. Cuando creemos en realidad que Jesús es la fuente de todo lo que necesitamos, aprendemos a permanecer continuamente en él (Juan 15) y a confiarle nuestras relaciones terrenales. Esto significa que acudimos a Jesús en tiempos de soledad y le rogamos que satisfaga nuestras necesidades creyendo por fe que este dolor no es para siempre (Apocalipsis 21:3-4). Significa que tenemos confianza para acercarnos a las demás con amor, incluso cuando no estamos seguras de que seremos amadas como resultado. Significa que por el poder de Cristo podemos crecer en humildad, aprender a ser vulnerables, confesar el pecado y buscar ser perdonadas y perdonar con frecuencia. Por último, significa que podemos disfrutar en lo profundo de nuestras amistades sin esperar que sean lo que solo Cristo puede ser: un compañero constante y un refugio seguro y lleno de gozo. ¡Qué amigo tenemos en Jesús! Como mujeres moldeadas por el evangelio, ruego que nos animemos a vivirlo confiando en que es la verdad y, como resultado, disfrutemos de las amistades terrenales más ricas.

Preguntas para la reflexión y el debate

1. Piensa en las amigas que tuviste a lo largo de tu vida. ¿Cuáles fueron algunos de tus mayores desafíos y mayores alegrías? ¿Qué puedes decir acerca de tus amistades actuales?
2. ¿Por qué las amistades pueden llegar a ser tan complejas y difíciles?
3. Lee Juan 15:13-16 y Efesios 4:4-6. ¿Qué nos asegura el evangelio en términos de amistad? ¿Te reconforta saberlo?
4. Si alguien preguntara: «¿Quién es tu gente?». ¿Qué dirías? ¿Cuál actitud que se menciona en Efesios 4:1-3 es la que más te cuesta en lo que respecta a cultivar amistades dentro de tu iglesia?
5. ¿Tiendes a sentarte y esperar que las demás te busquen para empezar una amistad? Cuando buscas a otras personas, ¿tiendes a acercarte solo a quienes son como tú? Piensa en una manera en que puedes acercarte a una hermana que sea diferente a ti (ya sea en edad, etapa, etcétera) esta semana.
6. Lee Efesios 4:15 y 25. ¿Tienes hermanas en Cristo que te conocen lo suficientemente bien como para hacerte notar tu pecado y recordarte la esperanza del evangelio? ¿Tienes

hermanas por quienes puedes hacer lo mismo? ¿Cuáles son algunas maneras prácticas mediante las cuales puedes cultivar relaciones de «amigas como si fueran familia» en tu iglesia local?

7. Para crecer y llegar a ser una amiga semejante a Cristo para las demás, debemos desarrollar una amistad más profunda con Cristo. ¿Cuáles son algunas formas prácticas de hacerlo?

CAPÍTULO 8

Templos, no ídolos

Glorificando a Dios con nuestro cuerpo

Por medio de él, ustedes [...] también llegan a formar parte de esa morada donde Dios vive mediante su Espíritu.

EFESIOS 2:22

Que no haya ninguna inmoralidad sexual, impureza ni avaricia entre ustedes. Tales pecados no tienen lugar en el pueblo de Dios. [...] Pueden estar seguros de que ninguna persona inmoral, impura o avara heredará el reino de Cristo y de Dios. Pues el avaro es un idólatra, que adora las cosas de este mundo.

EFESIOS 5:3, 5

RECUERDO LA PRIMERA vez que me sentí insegura acerca de mi cuerpo. Tenía quince años y necesitaba unos pantalones nuevos. De la noche a la mañana, los pantalones de talla cero de mis primeros años de escuela secundaria ya no me entraban y tuve que comprar ropa más grande. Ahora entiendo que mi cuerpo se estaba llenando naturalmente y que estaba desarrollando las suaves curvas de la feminidad, pero en ese momento creía seriamente que estaba perdiendo el control y ganando peso. Propensa a luchar con el perfeccionismo egocentrista, en algún momento había internalizado la mentira de que para ser bella tenía que ser delgada... muy delgada.

Durante la segunda mitad de la escuela secundaria, la obsesión con mi peso se volvió tan intensa que desarrollé un desorden alimenticio. Subir de peso, aunque fuera un poco, era inaceptable para mí. Si los números de la balanza subían o mi ropa se sentía mínimamente ajustada, me asustaba. Tener control total sobre el tamaño de mi cuerpo se volvió tan importante para mí que restringí mi ingesta calórica a un nivel peligroso mientras hacía ejercicio en exceso. Recuerdo estar sentada a la mesa para almorzar en la escuela pensando en qué partes del almuerzo me permitiría comer y cómo trataría de quemar esas calorías más tarde ese mismo día. No era raro que comiera solo la mitad de un pequeño sándwich de pollo al mediodía y, luego, intentara correr de cinco a diez kilómetros después de la escuela.

Mi sentido de autoestima dependía por completo de tener un cuerpo delgado, me postraba ante el altar de mi figura de tamaño ideal. Aunque amaba al Señor y sabía que esta era un área de mi vida que no había rendido a él, me resistía a renunciar al control, incluso hasta el punto de mentir y tratar de ocultar mi problema a mis padres y amigos. Amaba y anhelaba demasiado la concepción mundana de la belleza física como para querer aplastar a mi ídolo. Tristemente, no me di cuenta de lo cerca que estuvo mi ídolo de aplastarme a mí.

Relación de amor/odio

Como mujeres, tenemos una relación complicada con nuestro cuerpo, ¿no te parece? Podemos reverenciarnos a nosotras mismas, estando hiperenfocadas en cómo nos vemos y nos sentimos y, al mismo tiempo, despreciar el cuerpo que nos fue dado por no cumplir con los estándares culturales de belleza. Nos miramos en el espejo con la esperanza de encontrar un objeto digno de nuestra adoración y, a veces, nos decepcionamos o, incluso, nos avergonzamos de lo que vemos. Como amantes de la belleza, naturalmente anhelamos mostrar belleza a través de nuestro cuerpo. Este deseo no es necesariamente malo. El problema surge cuando nuestras concepciones de la belleza están moldeadas más por las revistas, la televisión e Instagram que por la Palabra de Dios, y cuando nuestra motivación para ser hermosas se centra en nosotras mismas y no en Dios.

Es probable que quienes estuvieron en la iglesia por un tiempo sepan que la Biblia enfatiza la importancia de cultivar la belleza interior más que la belleza exterior. De seguro hemos escuchado en varias ocasiones pasajes como Proverbios 31:30: «El encanto es engañoso, y la belleza no perdura, pero la mujer que teme al Señor será sumamente alabada». Podríamos recordar también la exhortación del apóstol Pedro a las mujeres: «No se interesen tanto por la belleza externa: los peinados extravagantes, las joyas costosas o la ropa elegante. En cambio, vístanse con la belleza interior, la que no se desvanece, la belleza de un espíritu tierno y sereno, que es tan precioso a los ojos de Dios» (1 Pedro 3:3-4).

Estos pasajes revelan que, mientras los seres humanos tendemos a enfocarnos en lo que podemos ver, Dios está interesado principalmente en la persona interior, la cual no se puede ver (1 Samuel 16:7). Aunque este importante tema está presente en toda la Biblia, no significa que el cuerpo físico sea insignificante o que a Dios no le importe lo que sus criaturas hagan con su cuerpo. ¡Todo lo contrario! Si pasajes como Proverbios 31:30 y 1 Pedro 3:3-4 fueran las únicas partes de las Escrituras que moldean la forma en que entendemos y tratamos nuestro ser físico, nuestra teología del cuerpo sería bastante desequilibrada. Si los consideramos de forma aislada, estos versículos podrían llevarnos a creer que el cuerpo es irrelevante para nuestra salud espiritual. Eso no nos impediría desear una piel impecable, muslos tonificados y un vientre plano. Como mujeres cristianas, necesitamos más que unas pocas exhortaciones sobre enfocarnos en la belleza interior. Debido a la importancia que tiene todo esto, necesitamos una teología sólida del cuerpo, una que derive de la totalidad de las Escrituras. Es esencial que entendamos que el evangelio es una buena noticia tanto para nuestro cuerpo como para nuestra alma.

¿El espíritu es bueno, el cuerpo es malo?

¿Alguna vez escuchaste a alguien decir: «Este cuerpo es solo una cáscara; mi verdadero yo está dentro»? Esto suena superespiritual a primera vista, pero en realidad es una reminiscencia de una antigua herejía llamada *gnosticismo* que se infiltró en la iglesia del primer siglo. Los gnósticos «menospreciaban el mundo material como el reino de la muerte, el deterioro y la destrucción [creyendo que era] la fuente del mal»[1]. En otras palabras, creían que el espíritu humano era intrínsecamente bueno y el cuerpo era intrínsecamente malo. El gnosticismo hizo una división tajante entre el cuerpo y la persona[2], afirmando que el alma (que se pensaba que era la verdadera persona) necesitaba ser liberada del cuerpo y de todo el reino físico. Esta comprensión del cuerpo está fundamentalmente en desacuerdo con la cosmovisión cristiana.

Los primeros capítulos de Génesis revelan que Dios creó a los seres humanos de carne y hueso y con género específico y los declaró «muy buenos» (Génesis 1:31). El cristianismo tiene una visión innegablemente alta del cuerpo humano. Según las Escrituras, nuestro cuerpo no es ni accidental ni incidental, sino que Dios lo hizo de manera intencional con un propósito. Cada persona es una unión de cuerpo y alma, tejida con cuidado por el Creador. Cuando el rey David consideró la complejidad de su humanidad, adoró al Dios que formó tanto su alma como su cuerpo: «¡Gracias por hacerme tan maravillosamente complejo! Tu fino trabajo es maravilloso, lo sé muy bien» (Salmo 139:14). Independientemente de cómo nos sintamos acerca del tamaño, la forma y el aspecto de nuestro cuerpo, cada una tiene la carne física que Dios diseñó para nosotras. Nuestro cuerpo es intrínsecamente bueno porque fue hecho por un Dios bueno que lo declaró así.

C. S. Lewis escribe:

> El cristianismo es casi la única de las grandes religiones que aprueba completamente el cuerpo; que cree que la materia es buena, que Dios mismo una vez tomó un cuerpo humano, que algún tipo de cuerpo nos será dado en el Cielo y que va a ser una parte esencial de nuestra felicidad, nuestra belleza y nuestra energía[3].

El cuerpo humano es una parte hermosa y necesaria del plan de Dios para sus criaturas, pero Dios no nos dio el cuerpo para que le rindiéramos culto. El cuerpo humano es un dios muy malo porque no puede salvarnos.

Cuerpos arruinados por el pecado

Cuando mi segundo hijo tenía seis años, un día se despertó quejándose de un dolor agudo en el pecho. El dolor continuó aumentando de modo que finalmente lo llevamos a emergencias. Los médicos realizaron pruebas para diagnosticar el problema. Sabían que algo andaba mal, pero tuvieron que hacerle varios estudios y fue necesario que se quedara más de dos días en el hospital para descubrir cuál era el problema. No hace falta vivir mucho tiempo en el mundo para saber que algo no está bien en nuestro cuerpo. El cuerpo siente dolor, se enferma y no siempre funciona como debería. Es difícil de satisfacer, nos causa inseguridad y vergüenza y, a fin de cuentas... muere. Está claro que nuestro cuerpo está quebrantado, pero debido a que los efectos de este quebrantamiento son innumerables, nos es fácil diagnosticar la raíz equivocada del quebrantamiento.

Los gnósticos se equivocaron al determinar la fuente del problema mezclando la creación y la caída. Creían que el alma humana había «caído» del reino espiritual al reino físico y, al tomar un cuerpo durante la creación, se corrompió[4]. Esto dista mucho de lo que enseña la Biblia. Génesis indica que todo el reino físico, incluyendo el cuerpo humano, fue creado bueno y que fue la entrada del pecado en el mundo lo que no dejó ninguna parte de la creación sin corromper (Romanos 8:20-22). Cada parte de nuestra humanidad, tanto el cuerpo como el alma, ha sido afectada por el pecado.

En este mundo caído, nuestro cuerpo no solo fue maldito con fragilidad, discapacidad, enfermedad y muerte, sino que también se convirtió en objeto y agente de la idolatría que fluye de nuestro corazón. Aunque nuestro cuerpo fue creado para ser usado para los propósitos de Dios y para su gloria, por causa del pecado vivimos con la mentalidad «mi cuerpo, mi elección». Creemos en la mentira que nuestro cuerpo es, a fin de cuentas, para *nosotras*. Por lo tanto, somos libres de hacer lo que queramos con él. Esta creencia suele manifestarse en una de dos maneras: o buscamos controlar nuestro cuerpo para nuestra propia gloria o somos controladas *por* nuestros apetitos físicos para nuestro propio placer. Tratar de controlar nuestro cuerpo parece ser una obsesión por la ejercitación excesiva, la inanición o las fotos personales publicadas en línea. Ser controladas por nuestro cuerpo a menudo se manifiesta como pereza, comida en exceso, abuso de sustancias o inmoralidad sexual. Cuando cedemos a todos los apetitos, funcionamos como si lo que comemos, bebemos o cómo nos comportamos sexualmente en realidad no importara; son solo cosas del cuerpo: antojos físicos que necesitan ser saciados. Estos son dos lados diferentes de la idolatría del cuerpo, pero en ambos casos los seres humanos estamos adorando y sirviendo a la criatura en lugar de al Creador (Romanos 1:25) y devaluando el cuerpo humano en el proceso. Este culto a una misma a la larga resulta en sentimientos de profunda vergüenza.

¿Recuerdas lo que sucedió cuando Adán y Eva se rebelaron contra Dios? Tan pronto como comieron del fruto prohibido, se avergonzaron por su desnudez (Génesis 3:7). Después de usar su cuerpo para darle la espalda al Dios que los creó, de repente, se sintieron expuestos, inseguros y avergonzados. Atemorizados, intentaron cubrir su vergüenza cubriendo su cuerpo. Debido a que nacemos con una naturaleza pecaminosa heredada de nuestros primeros padres, parece que llegamos a este mundo programadas para sentir inseguridad física[5]. Y esta vulnerabilidad no hace más que crecer a medida que seguimos pecando y otros pecan contra nosotras. Cuando estamos consumidas por tener el cuerpo que el mundo dice que es digno de adoración, cuando usamos nuestro cuerpo para desobedecer activamente a Dios o cuando nuestro cuerpo es usado por otros para propósitos pecaminosos, el resultado es que queremos escondernos de vergüenza. Al igual que nuestro corazón, nuestro cuerpo está profundamente arruinado por el pecado y necesita redención.

Su cuerpo expuesto por nosotras

Como cristiana, ¿alguna vez experimentas la frustración de querer obedecer a Dios en tu *corazón* y, a la misma vez, sentir una fuerte atracción hacia el pecado en tu *cuerpo*? Quieres preocuparte menos por tu apariencia física, pero tus ojos se ven constantemente atraídos por el espejo y el intenso escrutinio que resulta en adoración a tu cuerpo o en aversión por ti misma. Quieres acudir al Señor cuando estás ansiosa, pero en momentos de mucho estrés un atracón con galletas o demasiado vino en realidad da en el clavo. Quieres honrar a Dios a través de la pureza sexual, pero experimentas (y, tal vez, actúas en consecuencia) fuertes tentaciones hacia la satisfacción sexual fuera de los límites de Dios. En cualquier caso, es probable que te sientes desanimada por el hecho de que pecar con tu cuerpo todavía sea algo tan natural. Esto no te pasa solo a ti.

En Efesios 5:3-5, Pablo advierte a la iglesia que evite la inmoralidad sexual, la impureza y la avaricia: comportamientos que caracterizan a los incrédulos y provocan el juicio de Dios. Pablo escribe:

> Porque el enojo de Dios caerá sobre todos los que lo desobedecen. No participen en las cosas que hace esa gente. Pues antes ustedes estaban llenos de oscuridad, pero ahora tienen la luz que proviene del Señor. Por lo tanto, ¡vivan como gente de luz!
>
> EFESIOS 5:6-8

Caminar como hijos de la luz significa seguir el consejo de Pablo: «No participen en las obras inútiles de la maldad y la oscuridad; al contrario, sáquenlas a la luz» (Efesios 5:11). En lugar de escondernos en las oscuras sombras de nuestras transgresiones físicas, huimos de estos pecados permitiendo que la luz revele lo que son. Exponer el pecado es doloroso al principio (¿a quién le gusta admitir su pecado?), por lo que es importante notar que Pablo no ofrece esta exhortación desde una postura moralmente superior. Pablo escribe como alguien que conoce la lucha en lo personal. En su carta a los Romanos, Pablo se lamenta por ser todavía tan propenso a pecar con su cuerpo, mientras que su mente anhela simultáneamente agradar al Señor (Romanos 7:22-23). Frustrado, exclama: «¡Soy un pobre desgraciado! ¿Quién me libertará de esta vida dominada por el pecado y la muerte? ¡Gracias a Dios! La respuesta está en Jesucristo nuestro Señor» (Romanos 7:24-25). Pablo entendió que Jesús trae la salvación no solo para su alma pecadora, sino también para su cuerpo quebrantado.

Mientras Jesús colgaba desnudo en la cruz, muriendo una muerte vergonzosa y pública por crucifixión, él (literalmente) sacó a la luz nuestras malas acciones. Al llevar nuestros pecados en su propio cuerpo sin pecado (1 Pedro 2:24), Jesús fue expuesto *por nosotras*. En él, toda nuestra maldad quedó al descubierto ante la gloriosa luz de un Dios santo. La agonía de haber expuesto el pecado fue incalculable. Pero el dolor del juicio pronto dio paso al poder curativo de la luz de la resurrección. Pablo escribe: «Sus malas intenciones se descubrirán cuando la luz las ilumine, porque la luz hace todo visible. Por eso se dice: "Despiértate, tú que duermes; levántate de los muertos, y Cristo te dará luz"» (Efesios 5:13-14).

Si estás en Cristo, tus pecados fueron expuestos y juzgados en *su* muerte sacrificial. Su resurrección muestra que la victoria sobre el pecado es decisiva y completa. Como resultado, ya no vives en vergüenza y oscuridad; ¡puedes vivir como una hija de luz! Si bien esto no significa que nunca más lucharás contra el pecado físico (recuerda que nuestra salvación es pasada, presente y futura), sí significa que no necesitas encogerte y esconderte por temor a ser expuesta. Debido a que Jesús fue expuesto por ti, puedes traer tu pecado a la luz de su evangelio a través de la confesión y el arrepentimiento humildes. Puedes confiar en que él te perdonará y te transformará progresivamente mientras esperas la redención total de tu cuerpo (Romanos 8:23). Nuestro cuerpo todavía se duele bajo el peso de la enfermedad, el dolor y el pecado en esta vida, ¡pero un día seremos liberadas de todos eso! Cuando Jesús regrese, resucitará a los muertos y les dará cuerpos perfectos y sin pecado a todas y todos los que se encuentren en él (1 Corintios 6:14).

Entonces, ¿cómo transforma Cristo la forma en que vemos y usamos nuestro cuerpo mientras tanto? ¿Y qué esperanza y ayuda trae la luz del evangelio a nuestro ser físico en este momento?

Una morada para Dios

Cuando era una adolescente y pasaba por la agonía de la anorexia, no quería que nadie supiera de ello porque, en realidad, no quería ayuda. Mantuve mi pecado en la oscuridad porque tenía mucho temor de perder el control sobre mi cuerpo y, en consecuencia, subir de peso. Por la gracia de Dios, y a pesar de mis intentos de encubrir la realidad, mis padres descubrieron que tenía un problema. En su sabiduría, sabían que el problema era tanto espiritual como físico y psicológico. Me concertaron entrevistas con una consejera y una nutricionista, pero también me compartieron verdades bíblicas ellos mismos. Entre otras cosas, mis padres me enseñaron que mi cuerpo no es mío para hacer con él lo que me plazca. De manera continua, me recordaban que mi cuerpo pertenece a Cristo... y que ¡eso es una muy buena noticia!

La idea de que nuestro cuerpo sea propiedad de otra persona tiende a ponernos los pelos de punta. Esto se debe, en parte, a nuestro deseo pecaminoso de autonomía de Dios, pero también se debe a que vimos las injusticias horribles que ocurren cuando las personas creen que pueden poseer a otras personas. El resultado son atrocidades deshumanizantes como la esclavitud, el tráfico sexual y otras formas de abuso. Ser propiedad de humanos pecadores es una parodia, pero ser propiedad de un Dios santo y amoroso es la única esperanza verdadera de la humanidad. Como manifiesta el Catecismo de Heidelberg, mi «único consuelo en la vida y en la muerte [es] que no soy mío, sino que pertenezco en cuerpo y alma, tanto en la vida como en la muerte, a mi fiel Salvador Jesucristo»[6]. El autor Sam Allberry lo resume sucintamente: «La única manera en que nuestro cuerpo puede ser restaurado y redimido por Jesús es si nuestro cuerpo le pertenece a Jesús»[7].

En Efesios 2, aprendimos que quienes estamos en Cristo no solo estamos inseparablemente unidos a Jesús, sino que también estamos espiritualmente unidos como miembros de la familia de Dios (Efesios 2:19). Pablo continúa explicando que, increíblemente, los miembros de la familia componen la casa misma. Corporativamente, el pueblo de Dios conforma el nuevo templo donde mora la presencia misma de Dios. Pablo escribe: «Por medio de él, ustedes [...] también llegan a formar parte de esa morada donde Dios vive mediante su Espíritu» (Efesios 2:22). Pablo explica esta gloriosa realidad a la iglesia de Corinto mientras busca corregir la visión equivocada que tenían del cuerpo: «¿No se dan cuenta de que su cuerpo es el templo del Espíritu Santo, quien vive en ustedes y les fue dado por Dios? Ustedes no se pertenecen a sí mismos, porque Dios los compró a un alto precio. Por lo tanto, honren a Dios con su cuerpo» (1 Corintios 6:19-20).

Cristo compró a los creyentes pagando el alto precio de su propia sangre. Le pertenecemos. Nuestro cuerpo no es solo una masa informe de materia, desconectada de nuestro ser interior y de las realidades espirituales «verdaderamente importantes». No, nuestro cuerpo es una parte esencial de nosotras. Pertenecemos enteramente al Señor para sus propósitos y su gloria. En Cristo, nuestro cuerpo ya no es objeto de idolatría, sino que es la morada de su Espíritu Santo y una herramienta vital para llevar a cabo buenas obras. Esto tiene dos implicaciones principales: primero, importa significativamente lo que hacemos (y no hacemos) con nuestro cuerpo. Segundo, tenemos al Espíritu Santo viviendo en nuestro interior, él nos capacita para resistir al pecado del cuerpo.

No por inmoralidad ni idolatría

Quiero parecerme a ella. Rara vez decimos las palabras. Muchas veces, ni siquiera es un pensamiento consciente. Pero el deseo a menudo está tan profundamente arraigado que pasamos por alto las diversas formas en que nos motiva. Ya sea que lo reconozcamos o no, todas hemos interiorizado ciertos ideales de belleza física. Estos ideales cobran forma, en gran parte, al mirar a otras mujeres y creer que son el patrón de referencia. Tal vez, sea la mujer tonificada y bronceada en la portada de una revista. Tal vez, las mujeres que vemos en las comedias o en el gimnasio. Tal vez, se trate de las atletas musculosas, las modelos delgadas como un lápiz o las mujeres con curvas pronunciadas. Tal vez, sean las mujeres que parecen tener siempre la atención de los hombres o las chicas cuyas fotos obtienen miles de me gusta en las redes sociales.

A lo largo de la vida, millones de imágenes (y comentarios sobre esas imágenes) trabajan juntas para dar forma a nuestros ideales de lo que es bello y deseable. La idolatría del cuerpo es, a menudo, el resultado de intentar alcanzar esos ideales para que los demás los aprueben. En otras palabras, la idolatría del cuerpo surge al codiciar lo que no es nuestro. Ya sea que lo queramos para nuestra propia gloria o para nuestro propio placer, codiciar el cuerpo de otra portadora de la imagen como si fuera un producto no es el camino de una mujer cristiana.

Esta es la razón por la que Pablo no anda con rodeos cuando escribe:

> Que no haya ninguna inmoralidad sexual, impureza ni avaricia entre ustedes. Tales pecados no tienen lugar en el pueblo de Dios. [...] Pueden estar seguros de que ninguna persona inmoral, impura o avara heredará el reino de Cristo y de Dios. Pues el avaro es un idólatra, que adora las cosas de este mundo.
>
> EFESIOS 5:3, 5

Como mencionamos anteriormente, la inmoralidad y la idolatría caracterizan a los incrédulos, pero el cuerpo de los creyentes es miembro de Cristo (1 Corintios 6:15). Por lo tanto, no debemos dejar «que ninguna parte de [nuestro] cuerpo se convierta en un instrumento del mal para servir al pecado», sino debemos usar «todo [nuestro] cuerpo como un instrumento para hacer lo que es correcto para la gloria de Dios» (Romanos 6:13). El Espíritu Santo nos capacita para reconocer y alejarnos de las muchas formas en que practicamos la idolatría y la inmoralidad con nuestro cuerpo. Nos ayuda a cultivar un nuevo ideal de belleza física: el ideal de Dios. Las Escrituras enseñan que un cuerpo hermoso es aquel que se dedica por completo a Dios y se aparta para su servicio.

Un sacrificio vivo

Durante la escuela secundaria, codiciaba un físico más delgado, así que sacrifiqué la salud y el bienestar de mi cuerpo a un ídolo a través de la inanición. Hay numerosas formas en que sacrificamos nuestro cuerpo a los ídolos: cuando comemos en exceso o recurrimos a sustancias para sentirnos mejor, cuando negamos a nuestro cuerpo sueño y ejercicio adecuados, cuando vestimos nuestro cuerpo de cierta manera para llamar la atención y cuando vamos demasiado lejos con alguien con quien no estamos casadas. A la luz del sacrificio de Cristo, Dios nos ordena que nos alejemos de los ídolos y entreguemos nuestro ser físico por completo a él. Después de exponer las glorias del evangelio (¡durante once capítulos enteros!), Pablo escribe las siguientes palabras a la iglesia de Roma: «Por lo tanto, amados hermanos, les ruego que entreguen su cuerpo a Dios por todo lo que él ha hecho a favor de ustedes. Que sea un sacrificio vivo y santo, la clase de sacrificio que a él le agrada. Esa es la verdadera forma de adorarlo» (Romanos 12:1).

¿Qué significa ser un sacrificio vivo? Piensa en lo que se requería del pueblo de Dios bajo el antiguo pacto. A menudo tenían que matar animales inocentes y presentarlos a Dios en el altar para hacer expiación por su pecado. Solo podemos imaginarnos lo sangriento, desagradable y pesado que debe haber sido este proceso. La muerte sacrificial era necesaria a causa del pecado. Como creyentes del nuevo pacto, nuestra situación es diferente. Debido a que Cristo se ofreció a sí mismo como el sacrificio expiatorio de una vez por todas por los pecadores, ya no tenemos que presentar ofrendas de muerte sacrificial a Dios. Por el contrario, podemos darle a Dios la preciosa ofrenda de una vida sacrificial; una en la cual le dedicamos nuestra energía y vitalidad física a él por completo[8].

Ofrecer el cuerpo a Dios como sacrificio vivo significa no solo que dejamos de usarlo para nuestros propios planes pecaminosos, sino también que lo usamos intencionadamente para los propósitos del reino de Dios. Cuando usamos nuestra boca para hablar la verdad (Efesios 4:25) y edificamos a otros en la gracia (Efesios 4:29), somos un sacrificio vivo. Cuando nuestras manos hacen un trabajo honesto y son generosos con los necesitados (Efesios 4:28), somos un sacrificio vivo. Cuando nuestras piernas caminan junto a los demás en servicio desinteresado y en amor (Efesios 5:2), somos un sacrificio vivo.

Nuestro cuerpo le pertenece al Señor; es nuestro trabajo administrarlo en consecuencia. Un mayordomo es un guardián de la propiedad de otro. Por lo tanto, debemos cuidar nuestro cuerpo de manera que honre a nuestro Amo y nos equipe para su servicio. La triste realidad es que, a menudo, confundimos las líneas que dividen la mayordomía fiel de la idolatría pecaminosa. Necesitamos que la sabiduría bíblica y la guía del Espíritu Santo nos ayuden a cuidar bien de nuestro cuerpo y a tener la motivación correcta. ¿Hablan las Escrituras de los aspectos prácticos del cuidado corporal: la dieta, el ejercicio y el sueño?

El mundo nos enseña a considerar el entrenamiento físico y la alimentación saludable principalmente como un medio para verse y sentirse bien. Los anuncios, los entrenadores personales y las redes sociales nos entrenan para pensar que la dieta y el ejercicio son, a fin de cuentas, *solo para nuestro beneficio*. La Biblia, por otro lado, nos muestra que la mayordomía fiel del cuerpo está motivada por el deseo de servir a Dios y a los demás. Como creyentes del nuevo pacto, las Escrituras no tienen requisitos referentes a lo que podemos o no podemos comer. Debido a que todos los alimentos fueron purificados por Cristo (Marcos 7:14-19), tenemos libertad como cristianos respecto a lo que comemos y bebemos (2 Timoteo 4:4). Aun así, nuestras decisiones sobre la comida y la bebida deben ser impulsadas por un deseo de dar la gloria a Dios (1 Corintios 10:31). Siempre debemos ser controladas por el Espíritu en lugar de por lo que ponemos en nuestro cuerpo: «No se emborrachen con vino, porque eso les arruinará la vida.

En cambio, sean llenos del Espíritu Santo» (Efesios 5:18). La Biblia no describe la frecuencia con la que debemos hacer ejercicio, pero sí nos ordena poner el entrenamiento físico en el lugar que corresponde en la lista de prioridades: «El entrenamiento físico es bueno, pero entrenarse en la sumisión a Dios es mucho mejor, porque promete beneficios en esta vida y en la vida que viene» (1 Timoteo 4:8).

¿Significa esto que tenemos permiso para comer todo lo que queramos y estar sentadas todo el día mirando televisión sin hacer nada? ¡Claro que no! Como aquellos que andan en el Espíritu, debemos practicar el dominio propio (Gálatas 5:23) en lugar de ser dominadas por nuestros apetitos (1 Corintios 6:12-13). La alimentación saludable y el ejercicio físico regular son valiosos para fortalecernos con el propósito de dedicar nuestro cuerpo al servicio de Cristo y de los demás, durante nuestros años en la tierra. En este sentido, la buena mayordomía de nuestro cuerpo físico en realidad fortalece el cuerpo de Cristo al mantener cada parte funcionando correctamente (Efesios 4:16). Esto significa que, a veces, sería mejor que fuéramos al gimnasio en lugar de sucumbir a la pereza y, otras veces, deberíamos pasar por alto el gimnasio porque nuestro tiempo y energía son necesarios al servicio de los demás. El Espíritu nos ayuda a discernir cómo ser mayordomos fieles según el día y la necesidad.

En resumen

La idolatría del cuerpo y el trastorno alimenticio resultante por el cual pasé en mi adolescencia no se resolvieron de la noche a la mañana. A pesar de que el arrepentimiento y el cambio fueron progresivos, por la gracia de Dios, sucedieron (y siguen sucediendo). A medida que la Buena Noticia del evangelio se adentraba más en mis huesos con cada año que pasaba, el Espíritu Santo cambiaba mis deseos y mis motivaciones. Me permitió cuidar mi cuerpo como un templo en lugar de controlarlo como un ídolo, pero ese proceso de cambio fue gradual; como abrir lentamente un puño apretado, un dedo a la vez.

Aunque empecé a comer adecuadamente años antes, recién cuando tuve hijos comencé a entender en realidad que la belleza de mi cuerpo involucraba mucho más que verme de cierta manera. A medida que aprendía a dedicar mi tiempo, mi ávido deseo por correr, mi figura y mi descanso al dar a luz y cuidar de los niños comprendí de una manera nueva la buena noticia que es el evangelio para mi cuerpo. A través del sacrificio de Jesús, soy perdonada por todas las formas en que rendí culto y usé mal mi cuerpo. Por el poder de su Espíritu, puedo sacar mi enfoque de amar, aborrecer o tratar de esculpir lo que veo en el espejo y ponerlo en administrar mi cuerpo para el servicio sacrificial a Cristo. Aunque mi carne mortal continuará envejeciendo y debilitándose a medida que se arrastra hacia la muerte, tengo la esperanza segura de que mi cuerpo algún día resucitará a la inmortalidad. Si estás en Cristo, tienes esa misma esperanza. Llegará un día en que recibiremos cuerpos que nunca más se enfrentarán a la enfermedad, el sufrimiento ni el pecado. ¡Gracias sean dadas a Dios!

Preguntas para la reflexión y el debate

1. ¿De qué manera pueden las mujeres tener una relación de amor/odio con su cuerpo? ¿Te sucede a ti también?
2. ¿Por qué a menudo caemos en la trampa de pensar que el cuerpo es malo? ¿Cómo corrigen Génesis 1:31 y el Salmo 139:14 este punto de vista?
3. ¿Tiendes a controlar tu cuerpo para tu propia gloria, a ser controlada por tus apetitos físicos para tu propio placer o ambos? ¿Cómo se manifiesta esto en tu vida?

4. Lee Efesios 2:22, 5:2 y 5:8-14. ¿De qué manera la muerte sacrificial y la resurrección de Jesús son buenas noticias tanto para nuestro cuerpo como para nuestra alma?
5. Lee 1 Corintios 6:19-20. ¿Se te eriza la piel cuando lees que tu cuerpo le pertenece a Dios? ¿Por qué? Explica por qué esta es en verdad una realidad reconfortante.
6. ¿Qué significa ser un sacrificio vivo? ¿Cómo podemos usar nuestro cuerpo para hacer el bien?
7. ¿De qué manera el llamado a ofrecer tu cuerpo como sacrificio vivo a Dios moldea tu punto de vista (y práctica) sobre la alimentación y el ejercicio? ¿Estás en una temporada en la que necesitas comer y ejercitarte más, menos o de manera diferente para glorificar mejor a Dios con tu cuerpo?

CAPÍTULO 9

Sexualidad y matrimonio

Una imagen, no un final

Como dicen las Escrituras: «El hombre deja a su padre y a su madre, y se une a su esposa, y los dos se convierten en uno solo». Eso es un gran misterio, pero ilustra la manera en que Cristo y la iglesia son uno.

EFESIOS 5:31-32

CONOCÍ A MI FUTURO ESPOSO pocos meses después de cumplir dieciséis años. «¡Tú y Adam son el uno para el otro!», declaró una amiga en común con absoluta confianza antes de presentarnos. Puse los ojos en blanco y pensé: *¡Sí, claro!* Hacía poco (y con un poco de impulsividad) había determinado que ninguno de los chicos de nuestra zona era un candidato adecuado para casarse, por lo que no tenía sentido salir con alguien hasta que fuera a la universidad. Entonces entró en escena Adam Rice. Nos conocimos en diciembre del 2002, poco después de que el Espíritu Santo lo despertara a una fe genuina en Cristo. Adam estaba en el último año de la secundaria, hambriento de conocer profundamente al Señor y además anhelaba encontrar amigos que compartieran su fe.

Después de que nos conocimos, Adam no tardó mucho en tratar tener una relación conmigo, pero me aferré obstinadamente a mi resolución de «no salir con nadie hasta la universidad» durante un tiempo. No le molestó. De hecho, parecía no hacer más que crecer en su firme resolución de cortejarme pacientemente y esperar. Después de varios meses, me encontré pensando: *Este tipo es diferente. Me trata tan... bien.* Adam era bondadoso, me respetaba y tenía cuidado de no dañar mi corazón. Como resultado, comencé a enamorarme de él. Fuimos novios antes de que fuera a la universidad, pero al principio de la universidad sugerí que nos tomáramos un tiempo. Pensé que deberíamos salir con otras personas para asegurarnos de no comprometernos de por vida demasiado rápido. En esencia me dijo: «Tú puedes hacerlo. Yo voy a esperarte». Pronto me di cuenta de que yo tampoco estaba interesada en salir con nadie más.

Además de nuestra fe compartida y nuestro llamado al ministerio, fue el compromiso de Adam de buscarme pacientemente lo que ganó mi corazón. Su certeza de que yo era la indicada para él y su disposición a esperar todo el tiempo que fuera necesario eran a la vez atractivas y tranquilizadoras. El día antes de que cumpliera veintiún años, me puso un anillo en el dedo y me pidió que me casara con él. Éramos dos niños bendecidos, a punto de graduarnos de la universidad, enamorados y emocionados de asumir la vida y el ministerio juntos. Estoy segura de que nuestros planes de casarnos tan jóvenes parecían locos para algunos; después de todo, a pesar de todas las cosas buenas que teníamos, había muchas cosas que no teníamos. No teníamos experiencia real de vivir en el mundo real. No teníamos carreras establecidas ni dinero. No teníamos planes trazados para los cinco o diez años futuros. No tuvimos suficientes golpes duros como para saber lo difícil que es guardar el pacto del matrimonio en un mundo arruinado.

En un sentido, Adam y yo éramos muy ingenuos al casarnos, pero en otro sentido, sabíamos todo lo que necesitábamos saber en ese momento. Sabíamos que el matrimonio había sido diseñado por Dios y que era bueno ante sus ojos. Sabíamos que el matrimonio era un pacto para toda la vida, al cual no había que tomar a la ligera. Y sabíamos, de una manera muy teórica, que nuestro matrimonio era más grande que nosotros. Entonces, establecimos la fecha y comenzamos con la planeación. Era difícil contener la emoción... ¡se acercaba el día de la boda!

Mensajes confusos

No sé si hay mayor confusión cultural en nuestro mundo en este momento que la que rodea al matrimonio y la sexualidad. Como mujeres, recibimos una gran cantidad de mensajes contradictorios sobre estos temas, tanto del mundo como de la iglesia. No es extraño, entonces, que demasiadas mujeres cristianas hayan desarrollado una teología del matrimonio y la sexualidad que es lamentablemente incompleta (en el mejor de los casos) y totalmente antibíblica (en el peor).

Desde la revolución sexual de la década de 1960, la autonomía física de las mujeres ha sido el becerro de oro de nuestra sociedad secular. La ética de la Biblia se considera anticuada y represiva, mientras que ser libres de la moralidad objetiva se promociona como el camino a la verdadera felicidad. Nuestra cultura sostiene que las mujeres deben ser libres de acostarse con quien quieran, cuando quieran, sin tener que sufrir las consecuencias (ahí está presente de nuevo la mentalidad «mi cuerpo, mi elección»). Si el matrimonio encaja en los deseos particulares de una mujer para la realización personal, ¡genial! Pero a menudo se considera que el matrimonio es una limitación para las mujeres: una unión que sofocará su expresión y éxito personal bajo las exigencias del hogar y la familia.

Mientras que gran parte del mundo secular afirma que el matrimonio es una prisión y que el «amor libre» es el camino hacia el desarrollo personal, la iglesia envía un mensaje diferente. Crecí durante el movimiento de la cultura de la pureza de la década de los 90. Este movimiento dentro del cristianismo protestante intentó contrarrestar la revolución sexual promoviendo la abstinencia hasta el matrimonio. La única enseñanza sobre el matrimonio y la sexualidad que recuerdo haber recibido en la iglesia fue esta: *El amor verdadero espera.* La virginidad hasta el matrimonio era el objetivo principal, después de eso venía la recompensa final: un esposo y una esposa que llegaban a su noche de bodas sin mancha, con una vida de sexo increíble por venir. Si bien esto está dentro de los límites de la sexualidad bíblica, está lejos de ser una imagen completa de lo que la Biblia enseña sobre el matrimonio y el sexo. Al hacer que en esencia el matrimonio humano sea definitivo, «el amor verdadero espera» se queda terriblemente corto en lo que respecta a revelar la belleza, la bondad y el propósito general del diseño de Dios.

Si bien la iglesia tiene razón al valorar el matrimonio, una teología incompleta no ayudará a las personas a enfrentar sus propias falencias relacionales y sexuales con esperanza. «El amor verdadero espera» no es suficiente para la adolescente que se acuesta con su novio porque está desesperada por creer que está siendo amada en ese momento. Conocer solo las prohibiciones sexuales de la Biblia no ayuda a la joven de veintitantos años que lucha con la atracción hacia el mismo sexo. No ayuda a la mujer de treintaitantos años que se reservó para el matrimonio, pero sigue soltera y anhela encontrar «al indicado». No ofrece esperanza a la mujer de cincuentaitantos años que se siente atrapada en un matrimonio lleno de conflictos y dolor. Y no consuela a la sexagenaria que acaba de enviudar y está de duelo por la pérdida del amor.

Ya sea que hayamos interiorizado mensajes bíblicos o no bíblicos solo en parte sobre el matrimonio y la sexualidad, todas anhelamos ser plenamente conocidas y amadas para siempre por alguien que no nos rompa el corazón. Sin la certeza de un amor como este, nos sentimos sin amarras. Nos aferramos a las relaciones humanas como fuentes últimas de identidad y seguridad, pero es solo en el hombre Jesucristo que encontramos un amor así. Sea que seamos solteras, estemos de novia, casadas o solteras de nuevo, el evangelio nos ofrece una sólida teología del matrimonio y de la sexualidad en las Escrituras. Aún mejor, el evangelio nos invita a una historia de amor divino que está en el centro mismo de nuestra identidad. Esta historia de amor comenzó antes de que se establecieran los cimientos del mundo, pero se hizo visible con la creación de un hombre y una mujer.

Hombre y mujer a su imagen

Estaba enseñando una clase de escuela dominical para niños cuando me di cuenta de lo diferentes que son los niños y las niñas. Cada semana, les daba un poco de tiempo de juego libre antes de comenzar la lección bíblica, y de inmediato noté patrones predecibles y contrastantes. A medida que los varones llegaban, la mayoría comenzaban a construir armas de guerra con Legos y K'nex. Luego, corrían por la habitación, persiguiéndose los unos a los otros mientras participaban en una batalla fingida. El bullicio que hacían aumentaba hasta que llegaba el momento de limpiar y empezar. Las chicas tenían una rutina diferente. Al llegar, tomaban un juguete o algunos materiales de arte y se dirigían a una mesa. Mientras los niños corrían salvajemente, las niñas charlaban tranquilamente, coloreaban o armaban un rompecabezas juntas. Las diferencias de género eran fascinantemente obvias; ¡y era evidente que eran más profundas que simples diferencias en la crianza!

Si bien la biología demuestra que las diferencias entre el hombre y la mujer son innegables, las Escrituras muestran que son *hermosas*. La distinción de género es esencial para los propósitos de Dios y para el máximo desarrollo humano. El buen plan de Dios para el mundo que creó depende de la realidad de que los seres humanos son hechos, tanto hombres como mujeres, a su imagen (Génesis 1:27-28). En su sabiduría, Dios decidió crear, no uno ni cincuenta, sino *dos* géneros a través de los cuales llenaría el mundo con su gloria. Si bien el hombre y la mujer están hechos completamente a la semejanza de Dios, su existencia conjunta, más que eso, la unión de sus diferencias, les permite llevar a cabo el plan de Dios.

El autor Tim Keller lo expresa de la siguiente manera:

> En Génesis 1 se ven pares de cosas diferentes pero complementarias, hechas para trabajar juntas: el cielo y la tierra, el mar y la tierra, incluso Dios y la humanidad. Es parte de la brillantez de la creación de Dios que las cosas diversas y diferentes estén hechas para unirse y crear totalidades dinámicas que generen más y más vida y belleza a través de sus relaciones[1].

El matrimonio de Adán y Eva en Génesis 2:24 parece ser la demostración suprema de este patrón de unidad dentro de la diversidad en el mundo de Dios. Como verás, nuestro buen Dios es el originador del género, la sexualidad y el matrimonio. Él es quien lo ideó y lo trajo a la existencia. Fue Dios quien creó al varón Adán y, luego, a su complemento femenino Eva porque «No es bueno que el hombre esté solo» (Génesis 2:18). Él es quien determinó que «dejará el hombre a su padre y a su madre, y se unirá a su mujer, y serán una sola carne» (Génesis 2:24, RVR60). Pero ¿con qué propósito? ¿Fue el matrimonio de Adán y Eva (y cada matrimonio desde entonces) un fin en sí mismo? Una vez que el hombre y la mujer tuvieron compañía, amor e intimidad sexual el uno con el otro, ¿experimentaron la satisfacción máxima? La realidad es que no. Dios creó a estas criaturas complementarias para que vivieran como símbolos de una realidad mayor y para que llenaran la tierra a través de su amor fructífero, sacrificial y de pacto. La sexualidad humana y el matrimonio entre el hombre y la mujer tienen el propósito de contar una hermosa historia de amor entre lo divino y lo humano, de entrega radical y de la unión definitiva del cielo y de la tierra. Si esto es cierto, ¿por qué es que el mundo y la iglesia están plagados de quebrantamiento, de dolor y de disfunción? Es probable que a estas alturas ya sepas la respuesta.

El amor se descarriló

Las estadísticas son asombrosas y absolutamente desgarradoras. En los Estados Unidos, una de cada cinco niñas y uno de cada trece niños son abusados sexualmente antes de los dieciocho años[2]. Alrededor de dos tercios de los hombres cristianos y no cristianos ven pornografía al menos una vez al mes. El índice de divorcio dentro y fuera de la iglesia oscila entre el 40 % y el 60 %[3]. El matrimonio fue trivializado y redefinido, las enfermedades de transmisión sexual están fuera de control[4], la disforia de género ha llegado a su punto máximo entre las adolescentes[5] y alrededor del 25 % de las mujeres estadounidenses tendrá un aborto al final de sus años fértiles[6]. No es solo en las estadísticas donde vemos esta disfunción sexual y relacional. Los corazones y los cuerpos arruinados por el pecado están a nuestro alrededor en la vida real. Los encontramos en nuestras iglesias, en nuestras familias y en nosotras mismas. La sexualidad humana, en efecto, se ha descarrilado.

Recientemente leí un artículo sobre el descarrilamiento de un tren en el medio oeste de los Estados Unidos. En febrero del 2023, un tren se estrelló en la pequeña ciudad de East Palestine, Ohio, cuando 38 de sus 150 vagones descarrilaron y provocaron un incendio[7]. Los trenes están diseñados para circular sobre rieles, pero si de alguna manera se salen de esos rieles, el resultado es una interrupción del funcionamiento normal del sistema ferroviario (en el mejor de los casos) y una catástrofe grave (en el peor). Del mismo modo, la sexualidad humana es como un tren que se salió de los rieles para los cuales fue diseñado, lo que resulta en un gran accidente y quemaduras. Debido a que nacemos con una naturaleza pecaminosa que afecta todas las partes de nuestro ser, los seres humanos estamos sexualmente arruinados. Si bien los efectos de esta ruptura varían, la raíz del problema es la misma: el amor y la sexualidad de las personas se volvieron egocéntricos e impulsados por los sentimientos, en lugar de centrarse en Dios y basarse en la verdad objetiva.

La Biblia afirma: «Dios es amor» (1 Juan 4:8). Nuestro Creador no es simplemente amoroso en su comportamiento, sino que su naturaleza *es* amor. Siendo la definición misma del amor, Dios es el único que determina correctamente sus límites morales. Pero vivimos en un mundo que condena la afirmación bíblica «Dios es amor» y la refuta afirmando «¡No, *el amor es amor*!». Esta declaración, a menudo utilizada como eslogan para los derechos LGBTQ+, parece el epítome de la bondad y la inclusión, pero en realidad solo pone de manifiesto que nos aferramos a la rebeldía de ser independientes de Dios. Además, tratar de ser independientes de Dios en cualquier forma siempre resulta en un comportamiento poco amoroso. Claro que rechazar a Dios como árbitro del amor verdadero no es un problema nuevo: comenzó en el jardín del Edén. Eva pensó que sabía mejor que Dios lo que era bueno, correcto y amoroso, así que tomó el asunto en sus propias manos y desobedeció su palabra. Las consecuencias son devastadoras.

Si el amor puede significar cualquier cosa, si no está ligado a un estándar objetivo, debemos admitir que en realidad no significa nada. En esencia, «el amor es amor» significa que cada individuo es libre de definir el amor como mejor *le* parezca y hacer lo que *le* parezca más amoroso como resultado. El mundo dice que, si ya no estás enamorada de tu esposo, puedes dejarlo por alguien de quien *sí* estés enamorada. Si no sientes atracción por los hombres, puedes disfrutar libremente del amor romántico y sexual de una mujer. Si no tienes pareja, puedes ver pornografía para obtener tu dosis de sexo. Tristemente, una cultura que en realidad piensa que «el amor es amor» es una cultura que debe aprobar todo: desde la cosificación de las portadoras de la imagen hasta el aborto de bebés. Cuando Adán y Eva intentaron redefinir el amor y la moralidad, el diseño de Dios para la sexualidad se descarriló como un tren que se sale de sus vías a gran velocidad y causa un incendio mortal. En medio de los escombros, ¿el evangelio ofrece esperanza para nuestra sexualidad arruinada? ¿Puede ayudarnos la buena noticia del amor abnegado de Jesús con las luchas relacionales tanto en la soltería como en el matrimonio?

Historia de amor divino

En 1990 se estrenó la comedia romántica *Mujer bonita* en los cines. En esta versión picante de Cenicienta, el rico y despiadado hombre de negocios Edward Lewis contrata a la prostituta de Hollywood Vivian Ward para que se quede con él durante una semana y lo acompañe a varios eventos sociales. A medida que avanza la semana, ambos se enamoran. Edward comienza a tratar a Vivian más como una dama y con más romanticismo y menos como una trabajadora sexual pagada. Vivian, a su vez, revela su anhelo de ser rescatada, respetada y verdaderamente amada. Desde que era una niña, Vivian soñaba con un caballero que, montado sobre un caballo blanco, la salvaría y la amaría para siempre. A pesar de su creciente amor, la pareja parece no poder superar las complicaciones que surgen por tener vidas tan diferentes, por lo que Vivian se despide y regresa a casa al final de la semana. Pero Edward no tarda mucho en ir tras ella. En un final de cuento de hadas por excelencia, Edward llega al departamento de Vivian en una limusina blanca. Sube por la escalera de incendios hasta su ventana con rosas entre los dientes y le declara que vino a rescatarla con su amor.

Mujer bonita tuvo la venta de entradas más alta en los Estados Unidos para una comedia romántica[8]. No estoy recomendando la película, pero muestra no solo que el sexo y el romance venden, sino también que el corazón humano se siente atraído por las historias de amor, de rescate y redención. ¿Por qué? En un mundo donde el romance y el sexo se han descarrilado, ¿por qué todavía anhelamos el «felices para siempre»? ¿Por qué tenemos la más mínima pizca de esperanza de que sea posible? Lo anhelamos porque fuimos diseñadas para el amor eterno y la intimidad más allá de lo que nuestra imaginación nos podría permitir. Sam Allberry escribe:

> Hacer de la libertad sexual nuestro bien supremo es pensar que el sexo y el romance son simplemente un fin en sí mismos. Pero si nos damos cuenta de que nuestra fascinación por el romance es en realidad un rastro del recuerdo de una historia más profunda, un eco de una melodía mayor, una señal hacia el destino final, encontraremos la realidad que puede trascender incluso la más íntima de las relaciones que podemos experimentar[9].

Toda buena historia de amor no es más que un eco de la historia de amor suprema: la que cuenta la Biblia y de la cual el evangelio nos invita a ser parte.

¿Sabías que la historia de la humanidad comienza y termina con una boda? El libro de Génesis narra acerca del primer matrimonio humano y cómo no tardó en arruinarse. Cuando Adán y Eva pecaron, el egoísmo, el conflicto y las luchas de poder entraron en su unión (Génesis 3:16). Luego se extendieron a todas las relaciones humanas. Desde entonces, la humanidad ha estado en una búsqueda desesperada e inútil de amor e intimidad al margen del Dios en quien nos encontramos. Pero Dios ni ha abandonado a sus hijos ni ha renunciado a su plan de morar con ellos.

En el Antiguo Testamento, Dios entró en una relación de pacto de amor con su pueblo escogido, Israel. Les prometió cuidarlos y vivir con ellos para siempre. Aunque el pueblo de Israel prometió adorar solo a Dios, le eran continuamente infieles a través de la adoración a los ídolos. La Biblia usa el lenguaje matrimonial para describir su idolatría, comparándolos a menudo con adúlteros (Ezequiel 16). Nosotras no somos diferentes a Israel. Somos prostitutas espirituales que continuamente corren detrás de amantes que a fin de cuentas no pueden satisfacernos. Por mucho que lo intentemos, no podemos satisfacer los anhelos más profundos de nuestro corazón con el sexo, el romance o incluso el matrimonio. Necesitamos que el amor eterno nos rescate de nuestra difícil situación. Esta es la razón por la cual el evangelio es una noticia tan asombrosamente buena.

Jesucristo, quien se llamaba a sí mismo «el novio» (Marcos 2:19) vino a la tierra para redimir para sí a una novia infiel a través del acto más radical de amor abnegado: la muerte en una cruz. Cristo dio su vida para que su esposa, la iglesia, pudiera conocer la aceptación, el amor y la intimidad con Dios para la cual fue creada. La historia de la Biblia concluye en el libro de Apocalipsis, donde se espera con ansias la boda final de la historia: el matrimonio eterno entre Cristo y la iglesia. Esta boda tendrá lugar cuando Jesús regrese para unir el cielo y la tierra en la nueva creación. Juzgará y erradicará el mal, reunirá a su novia para que esté con él y morará con ella en perfección y dicha por toda la eternidad (Apocalipsis 21:1-3).

Si estás en Cristo, *novia amada* es tu identidad. A pesar de que ahora tienes unión con tu Novio, estás siendo preparada para la consumación de este matrimonio eterno: el día en que Jesús regrese corporalmente para presentársela «a sí mismo como una iglesia gloriosa, sin mancha ni arruga ni ningún otro defecto» (Efesios 5:27). Pero ese día parece ser tan lejano, ¿no es así? ¿Cómo debemos administrar nuestra sexualidad y nuestras relaciones hoy a la luz de nuestra realidad final? Ciertamente, cuanto más comprendemos la historia de amor divino de la Biblia y cuanto más nos posicionamos en esa historia, más cambia la forma en que vivimos. El evangelio nos da ojos para ver la bondad de la ética sexual de Dios y el propósito tanto del matrimonio como de la soltería.

Matrimonio humano: La señal de la unión con Cristo

Adam y yo nos casamos en un día inusualmente cálido de diciembre. Recuerdo a mi papá caminando a mi lado a lo largo del pasillo de la iglesia y posteriormente colocándome la mano derecha sobre la izquierda de Adam. Mientras estábamos de pie con los brazos entrelazados, recuerdo vívidamente lo pesado que se sentía el gran ramo de flores en mi brazo izquierdo; un recordatorio tangible de la importancia de lo que estaba ocurriendo. El hermano mayor de Adam dio el sermón basado en Efesios 5:22-33, el famoso discurso de Pablo sobre el matrimonio, porque queríamos declarar que nuestra unión apuntaba a algo más grande que nosotros mismos. Si bien entendíamos esto teológicamente, aún teníamos toda una vida de crecimiento y aprendizaje por delante; años de permitir que nuestras propias concepciones egocéntricas del matrimonio fueran progresivamente desarraigadas en la vida cotidiana.

En Efesios 5, Pablo les da instrucciones para el matrimonio cristiano. Comienza de la siguiente manera:

> Para las esposas, eso significa: sométase cada una a su marido como al Señor, porque el marido es la cabeza de su esposa como Cristo es cabeza de la iglesia. Él es el Salvador de su cuerpo, que es la iglesia.
>
> EFESIOS 5:22-23

Un momento… *¡¿Someterse?!* Debido a que nuestra carne naturalmente se opone a la sumisión, este versículo nos hace querer catalogar a Pablo como un sexista patriarcal. Pero sigamos leyendo:

> Para los maridos, eso significa: ame cada uno a su esposa tal como Cristo amó a la iglesia. Él entregó su vida por ella.
>
> **EFESIOS 5:25**

Pablo dedica seis versículos enteros a instruir a los esposos a amar a sus esposas de una manera radicalmente sacrificial. Los esposos deben dar su propia vida por sus esposas, tal como Cristo lo hizo por la iglesia.

Estos versículos demuestran que el matrimonio no es lo que el mundo (y, a veces, incluso la iglesia) dice que es. El matrimonio no es un obstáculo para la realización de la mujer ni el medio para que se sienta realizada. ¡Cristo es la verdadera realización de la mujer! El Nuevo Testamento revela que el matrimonio debe ser un pacto de por vida de entrega total entre un hombre y una mujer. El matrimonio se basa en el modelo de la obra redentora de Cristo y apunta a la unión inquebrantable del creyente con él. Cuando vemos que el matrimonio terrenal no es la *cima*, sino la *imagen*, la señal que apunta hacia la relación definitiva para la cual fuimos hechas, es más fácil entender y recibir la ética sexual de la Biblia.

Entonces, ¿por qué según las Escrituras el sexo está reservado solo para el matrimonio entre un hombre y una mujer? Citando de Génesis, Pablo continúa:

> Como dicen las Escrituras: «El hombre deja a su padre y a su madre, y se une a su esposa, y los dos se convierten en uno solo». Eso es un gran misterio, pero ilustra la manera en que Cristo y la iglesia son uno.
>
> **EFESIOS 5:31-32**

La autora Rebecca McLaughlin resume bien la respuesta:

> Si la unión fiel en una sola carne de un hombre y una mujer representa el matrimonio de Cristo con su iglesia, cualquier relación sexual fuera de ese modelo representa idolatría. Sin límites, no hay imagen representada[10].

Cuando escuchamos la frase «unión en una sola carne», tendemos a pensar en el sexo. Si bien la frase *es* indicativa de la unión sexual en el matrimonio, significa mucho más. Tim Keller sostiene que el sexo es una forma de hacer con tu cuerpo lo que hiciste primero con toda tu vida:

> La Biblia dice que no te unas a alguien físicamente, a menos que estés dispuesto a unirte con esa persona emocional, personal, social, económica y legalmente. No te desnudes físicamente y te vuelvas vulnerable ante la otra persona sin volverte vulnerable en todos los demás aspectos, porque has renunciado a tu libertad y te has unido en matrimonio[11].

No pasó mucho tiempo desde que nos casamos para que Adam y yo nos diéramos cuenta de que el pacto de amor sacrificial es difícil, *muy* difícil, para pecadores egoístas. Al tener personalidades, formas de alcanzar metas y de manejar el estrés muy diferentes, y una inclinación natural compartida hacia el egoísmo, el conflicto era inevitable. Es fácil decir: «¡Te pertenezco por completo!» en el altar, pero la entrega total día a día requiere la gracia de Dios y nuestro esfuerzo empoderado por el Espíritu Santo.

El sexo fue diseñado por Dios para el propósito obvio y esencial de la procreación, pero también fue diseñado para ser una expresión física de la entrega total que se espera en el matrimonio. Debido a que la unión sexual es poderosamente vinculante, sirve como una especie de mecanismo de compromiso para el esposo y la esposa unidos en un pacto de por vida. Este diseño no es solo por el bien de la pareja, sino también por la estabilidad de sus hijos y de la sociedad en general. Al igual que el fuego que tiene poderosos beneficios dentro de límites establecidos, el sexo es seguro y verdaderamente bueno solo dentro de los límites que Dios le puso. El sexo es una forma mutuamente vulnerable y placentera mediante el cual las parejas casadas dicen de manera continua con su cuerpo: «Debido a que Cristo no me dejará, yo no te dejaré... hasta que la muerte nos separe».

Esta comprensión de la sexualidad y el matrimonio era radicalmente contracultural en el mundo antiguo, al igual que lo es hoy. La posición cristiana sobre la soltería era (y es) igual de contraria a la cultura. El cristianismo tiene una opinión elevada sobre el sexo y el matrimonio, pero la Biblia deja claro que los seres humanos no los necesitan para ser felices y completos.

La soltería: La suficiencia del Novio verdadero

Durante nuestros años de seminario, Adam y yo éramos amigos íntimos de una mujer soltera de nuestra edad. Aunque deseaba casarse, también estaba contenta con su soltería. Era muy trabajadora, amiga de (al parecer) todo el mundo y muy divertida. Su fervor por servir al Señor y a los demás era inspirador y contagioso. Otra amiga de la universidad me envió un mensaje hace un par de años expresando su desaliento por permanecer soltera teniendo más de treinta años. A pesar de desear mucho el matrimonio, sin embargo, transmitía una profunda confianza en que Dios estaba escribiendo una hermosa historia con su vida, incluso con su anhelo de casarse. Una tercera amiga compartió recientemente el dolor de la soledad que a veces siente como mujer soltera en una iglesia llena de familias jóvenes. Aun así, abre su casa con regularidad, dando la bienvenida y sirviendo a mujeres de todas las edades, incluyendo muchas mamás cansadas que necesitan una noche divertida de chicas. Estas tres mujeres han modelado de una forma maravillosa una creciente seguridad en Cristo, el verdadero Novio, al demostrar verdadera esperanza en el matrimonio eterno que vendrá.

En su sabiduría, Dios estableció que no todas las mujeres se casen. Muchas están solteras por una temporada. Otras son solteras de por vida. Al igual que con el matrimonio, nuestro punto de vista sobre la soltería puede ser influenciado erróneamente tanto por el mundo como por la iglesia, por lo que es fundamental saber lo que la Biblia en realidad enseña. Las Escrituras presentan al matrimonio y a la soltería como dones de Dios (1 Corintios 7:7-8). En el antiguo mundo mediterráneo, el matrimonio era importante en extremo, no por la satisfacción romántica, sino porque el linaje familiar era lo *más importante*. La esperanza futura de las personas dependía enteramente de la producción de un heredero varón[12]. Considerando esto, Jesús y Pablo (ambos solteros) fueron revolucionarios al afirmar que tanto el matrimonio *como* el celibato eran formas de vida buenas y viables (Mateo 19:3-12 y 1 Corintios 7). Pablo y nuestro Señor nos muestran que el matrimonio y el núcleo familiar no son nuestra última esperanza: ¡Cristo lo es! La iglesia del primer siglo demostró su fe en esta verdad viviendo como una familia (Hechos 2:44-46) y apoyando financieramente a las viudas que decidieron no volver a casarse (2 Timoteo 5:3-16).

Nuestra cultura afirma que es bueno permanecer soltera para experimentar la satisfacción sexual sin las limitaciones del compromiso y el sacrificio de por vida. A los ojos del mundo, la soltería es para una misma. Los evangelios registran cómo los primeros discípulos de Jesús también evidenciaron tener una mentalidad de «soltería para sí mismos». En una sociedad donde los hombres podían divorciarse de sus esposas por cualquier motivo, Jesús reiteró el diseño de Dios para el matrimonio, permitiendo (sorprendentemente) el divorcio solo en casos de infidelidad sexual (Mateo 19:3-6). Cuando los discípulos de

Cristo escucharon esto, se mostraron incrédulos y declararon que sería mejor permanecer solteros que quedar atrapados en un matrimonio. En respuesta, Jesús afirmó: «Algunos nacen como eunucos, a otros los hacen eunucos, y otros optan por no casarse», no como un medio para evitar las dificultades del compromiso, sino «por amor al reino del cielo» (Mateo 19:12).

Según el apóstol Pablo, los creyentes no deben preocuparse por su estado civil porque es bueno que cada uno siga «viviendo en la situación que el Señor lo haya puesto» (1 Corintios 7:17). Si bien es bueno procurar casarse (por las razones correctas), también es bueno permanecer soltero como un medio para «servir mejor al Señor, con la menor cantidad de distracciones posibles» (1 Corintios 7:35). Pablo les recuerda a los creyentes que todo en esta vida, incluyendo el matrimonio, pasa (1 Corintios 7:29, 31). Vamos con prisa hacia una eternidad en la que los seres humanos «no se casarán ni se entregarán en matrimonio» (Mateo 22:30) porque el matrimonio definitivo será consumado. Cuando Jesús regrese a reclamar su novia, no habrá necesidad de matrimonio ni de sexo como los conocemos ahora, porque las señales darán paso a la realidad del matrimonio definitivo. Esta unión definitiva es la que infunde tanto al matrimonio cristiano como a la soltería cristiana un gran propósito. La autora Juli Slattery lo expresa con claridad:

> Aunque Dios creó el deseo sexual para despertar nuestro anhelo de amor, ni siquiera el matrimonio es la máxima satisfacción de ese anhelo. El matrimonio es la sombra, el anticipo, la metáfora del verdadero anhelo de ser conocida, abrazada, aceptada y celebrada por nuestro Creador[13].

Esto significa que «el celibato para el reino no es un rechazo de la sexualidad. Es un llamado a abrazar el significado y el propósito supremos de la sexualidad, sabiendo que la unión en una sola carne es solo un anticipo de algo infinitamente más grande y glorioso»[14].

Tanto las cristianas solteras como las casadas deben contar fielmente la historia del evangelio con su vida, pero la cuentan desde dos ángulos diferentes. El matrimonio revela la forma del evangelio al describir nuestra relación de pacto con Cristo. La soltería revela la suficiencia del evangelio al mostrar que nuestra relación con Cristo es definitiva[15]. La soltería cristiana, tanto en el mundo antiguo como en la actualidad, es una demostración de que nuestra verdadera esperanza se halla en la unión con Cristo y en la pertenencia a la familia de Dios.

En resumen

Me pregunto si estás pensando que todo esto suena maravilloso, pero es demasiado idealista para ayudarte hoy. Por supuesto, esto puede ser lo que se *supone* que representan el matrimonio y la soltería, pero la realidad es que, a menudo, no es tan genial. Tal vez estás en un matrimonio lleno de conflictos y luchas, y te resulta muy difícil respetar y someterte a tu esposo. Tal vez hayas experimentado el dolor de la infidelidad, el abandono, el abuso o el divorcio. Tal vez estuviste soltera durante años y anhelas tener un cónyuge e hijos. Tal vez hayas saltado de una relación romántica a otra en busca de satisfacción. O, tal vez, te sientas tentada a idolatrar tu matrimonio y crees que es todo lo que necesitas. En cada una de estas situaciones, y en muchas otras, no hay soluciones rápidas ni fáciles de este lado del cielo. ¡Pero el evangelio te ofrece una esperanza profunda e inquebrantable! Tu Novio, Jesucristo, está listo para perdonarte por todas las formas en que fuiste desobediente y no administraste correctamente tu sexualidad de modo que sirviera a sus buenos propósitos. Él está listo para sanarte del daño que el pecado relacional ha causado en tu vida. Está ansioso por sostenerte y satisfacerte en sí mismo, transformando tus relaciones terrenales en hermosos trofeos de su gracia. Corre hacia él con arrepentimiento y fe. Reconoce que él es suficiente. Entrégale por completo tu sexualidad a él. Acude a miembros confiables del cuerpo de Cristo que puedan ayudarte de una manera práctica con tus luchas relacionales y sexuales.

Puedes confiarle a Jesucristo, el amante de tu alma, tu corazón vulnerable. Él es un Novio que anhela prodigarte su amor y afecto, que nunca te dejará ni te abandonará, que está preparando un lugar donde vivirás con él para siempre. A pesar de todo lo malo que sucede, puedes vivir con gran esperanza y alegría: ¡se acerca el día de la boda!

Preguntas para la reflexión y el debate

1. ¿Cuáles son algunos de los mensajes que el mundo envía con respecto al romance, la sexualidad y el matrimonio? ¿Por qué la enseñanza «El amor verdadero espera» no es suficiente por sí sola para contrarrestar el mensaje del mundo?

2. Lee Génesis 1:27-28 y Efesios 5:31-32. Explica cómo el que Dios haya creado hombres y mujeres portadores de su imagen es esencial para sus propósitos de llenar el mundo con su gloria y redimirlo del pecado.

3. Describe algunas de las formas en que el amor y el sexo se han «descarrilado» en nuestro mundo y en tu propia vida. ¿Por qué los cristianos deberíamos enseñar que «Dios es amor» en lugar de «el amor es amor»?

4. La Biblia cuenta una historia de amor divino que comienza y termina con una boda. ¿De qué manera esta historia nos ayuda a ver los límites de Dios para la sexualidad humana como útiles y buenos, en lugar de arbitrarios y crueles?

5. Lee Efesios 5:22-33. Describe cómo la unión de un hombre y una mujer para toda la vida tiene el propósito de representar la relación de Cristo con la iglesia. ¿De qué manera entender el matrimonio humano como una señal temporal afecta nuestra comprensión de la soltería (ver 1 Corintios 7:25-35)?

6. Ya sea que estés soltera, de novia, casada o soltera de nuevo, ¿sometiste completamente tu sexualidad y relaciones al señorío de tu verdadero Novio? Analiza o anota algunas formas prácticas en las que puedes acudir a él para obtener ayuda, sanidad y crecimiento en tus relaciones.

7. Tanto el matrimonio como la soltería son regalos de Dios. Cada estado tiene sus propias dificultades y ventajas. ¿Cuáles son algunas maneras prácticas en las que puedes animar tanto a tus hermanas casadas como a las solteras en Cristo a administrar fielmente su sexualidad y relaciones por el bien del reino?

CAPÍTULO 10

Mujeres de guerra

Cambiando el mundo en el poder del Señor

Una palabra final: sean fuertes en el Señor y en su gran poder. Pónganse toda la armadura de Dios para poder mantenerse firmes contra todas las estrategias del diablo. Pues no luchamos contra enemigos de carne y hueso, sino contra gobernadores malignos y autoridades del mundo invisible, contra fuerzas poderosas de este mundo tenebroso y contra espíritus malignos de los lugares celestiales.

EFESIOS 6:10-12

TENÍA TRECE AÑOS cuando me di cuenta de que quería cambiar el mundo. No creo haber dicho esas palabras en voz alta, pero recuerdo haber sentido un deseo abrumador de hacer algo que importara en realidad, algo que dejara una huella en los demás para bien y ayudara a hacer retroceder la oscuridad. No quería ser famosa ni rica, pero sí quería que mi vida tuviera un propósito más grande que servirme a mí misma. En un retiro juvenil en enero del 2000, sentí que el Espíritu Santo me empujaba hacia el ministerio cristiano vocacional. Aunque no tenía ni idea de lo que eso significaba en la práctica, no podía imaginarme haciendo otra cosa con mi vida.

El deseo de hacer algo que cambiara el mundo se hizo muy evidente de nuevo en la época en que me gradué de la escuela secundaria. En el discurso de mi ceremonia de graduación, imploré a mis compañeros de clase que dejaran un legado que durara hasta la eternidad, recordándoles que cada uno de nosotros tiene una sola vida para vivir, y solo lo que se hace al servicio de Cristo perdurará. Es cierto que este era un tema algo inusual para un discurso de graduación, pero sabía que era importante (y en un pequeño pueblo del «cinturón bíblico» de los Estados Unidos a principios de la década del 2000, nadie se opuso abiertamente). Quería hacer grandes cosas para Dios y quería que otros se unieran a mí.

No pasó mucho tiempo antes de que me diera cuenta de que no soy lo suficientemente fuerte ni capaz como para hacer grandes cosas para Dios. Como una persona que tiene éxito en lograr los objetivos que se propone, estoy tentada a creer la mentira de que mi valor proviene de mis logros y de lo bien que hago las cosas. Como resultado de mi personalidad y mis inclinaciones pecaminosas particulares, no manejo bien el estrés. En la escuela secundaria, luché por tener una imagen física agradable, lo cual me llevó a un desorden alimenticio. En la universidad, me enfrenté a temporadas de ansiedad y depresión que requirieron medicación. Estas pruebas se intensificaron de nuevo durante el postparto y la maternidad, y todavía hoy lucho con los ataques de ansiedad y depresión.

Estas limitaciones, mis pecados y sufrimientos particulares, me recuerdan continuamente que la victoria en la vida cristiana, y mucho más en tratar de cambiar el mundo, es completamente imposible con mis propias fuerzas. Cuando veo mis debilidades (y las debilidades de aquellos a quienes Dios usó a lo largo de la historia) a través del lente del evangelio, veo que el cambio del mundo en el reino de Dios se ve bastante diferente de lo que a menudo imaginamos.

Cambiadoras del mundo: Santas y soldados

Vivimos en la era digital de las redes sociales, los influenciadores y la «fama rápida». Muchas mujeres están creando marcas, construyendo plataformas, compartiendo trucos de vida y haciendo malabares con trabajos secundarios. En el mundo evangélico, las mujeres cristianas están compartiendo la verdad a través de contenidos creativos y aumentando su número de seguidores en línea en el proceso. Si bien estos métodos tienen, sin lugar a duda, el potencial de exaltar a Cristo y edificar el reino, es fácil creer que esta es la mejor manera de cambiar el mundo. A medida que nos desplazamos por las redes sociales, puede parecer que las mujeres que producen, logran metas, tienen seguidores, reciben muchos me gusta y son compartidas en público son las que en realidad marcan la diferencia.

Además, tendemos a pensar que quienes hacen cosas «extraordinarias» para Dios son quienes en realidad pueden cambiar el mundo: los misioneros extranjeros, los maestros de la Biblia de renombre, los líderes de la iglesia, los supercristianos. ¿Existen los supercristianos y, por defecto, los cristianos promedio y los mediocres? La Biblia no hace tales distinciones entre quienes están en Cristo. Por el contrario, Pablo demuestra en Efesios que todos los creyentes somos santos y soldados: un ejército redimido a través del cual Dios está cambiando el mundo.

En nuestra mente, un santo es una élite espiritual (un supercristiano), pero Pablo usa el término a lo largo de toda su carta para referirse a *todos* aquellos que están en Cristo (Efesios 1:1). Las personas de toda tribu, lengua y nación que fueron redimidas por Jesús y apartadas para los propósitos de Dios son *santas*. Los santos conforman la iglesia. A su vez, la iglesia es el vehículo escogido por Dios para llevar el mensaje del evangelio, la Buena Noticia de la salvación de Jesús, a todas partes del mundo. A medida que la iglesia lleva a cabo esta misión, Dios está salvando almas, transformando vidas y revelando su plan de renovar toda la creación al unir todas las cosas en Cristo (Efesios 1:10). Este plan atrapa la atención de los seres sobrenaturales porque «el propósito de Dios con todo esto fue utilizar a la iglesia para mostrar la amplia variedad de su sabiduría a todos los gobernantes y autoridades invisibles que están en los lugares celestiales» (Efesios 3:10).

Tanto los aliados de Dios como sus enemigos en el ámbito espiritual están muy conscientes de lo que él está haciendo en el mundo a través de su iglesia, pero estas fuerzas espirituales del bien y del mal responden de maneras muy diferentes. Cuando los ángeles de luz ven que los propósitos de Dios se llevan a cabo a través de su pueblo, lo adoran (1 Pedro 1:12, Apocalipsis 7:11). En contraste, cuando las fuerzas demoníacas lo ven, se enfurecen violentamente contra la iglesia e intentan frustrar el plan de Dios (1 Pedro 5:8, Efesios 6:12).

Por esta razón, el clímax de Efesios es un llamado a las armas:

> Pónganse toda la armadura de Dios para poder mantenerse firmes contra todas las estrategias del diablo. Pues no luchamos contra enemigos de carne y hueso, sino contra gobernadores malignos y autoridades del mundo invisible, contra fuerzas poderosas de este mundo tenebroso y contra espíritus malignos de los lugares celestiales.
>
> EFESIOS 6:11-12

Pablo deja claro que cada santo es también un soldado en una intensa guerra espiritual. El problema es que pocas mujeres cristianas en occidente se ven a sí mismas como santas o soldados. Cuando se trata de nuestro sentido de identidad, rara vez equiparamos estar *en Cristo* con ser una soldado, en especial si hemos vivido vidas relativamente cómodas sin persecuciones y sin los horrores de la guerra física.

Imprudente para la guerra

En el prefacio de *Cartas del diablo a su sobrino*, C. S. Lewis escribe:

> Hay dos errores iguales y opuestos en los que nuestra raza puede caer a causa de los demonios. Uno es no creer en

> su existencia. El otro es creer y sentir un interés excesivo y malsano por ellos. Ellos [los demonios] están igualmente satisfechos con ambos[1].

En occidente, donde valoramos lo que se puede ver, tocar y medir, el primer error es el mayor peligro para muchos. Ciertamente, es probable que quienes crecimos en la iglesia digamos que creemos en los ángeles, los demonios y la guerra espiritual. Aun así, solemos vivir como si en realidad no existieran. Muchas mujeres cristianas viven ignorando por completo la guerra espiritual que se libra en su mente y en su corazón.

¿Qué se te viene a la mente cuando piensas en conflictos y guerras? Tal vez reflexionas sobre la guerra entre las naciones a lo largo de la historia y los problemas de violencia, crimen, racismo y pobreza. Tal vez te imagines a los soldados en el ejército desplegándose para luchar. Tal vez se te vengan a la mente las guerras culturales entre los partidos políticos y aquellos con ideologías diferentes. Las nociones de guerra pueden incluso desencadenar pensamientos sobre las discusiones que experimentas en tu vida personal.

Cuando Pablo dice que no luchamos contra carne y hueso (Efesios 6:12), no está negando la realidad de las disensiones y la maldad de los seres humanos. Más bien, está alertando al pueblo de Dios sobre nuestra realidad invisible: somos soldados en una guerra de proporciones cósmicas, la guerra detrás de todos los conflictos visibles que vemos y experimentamos en nuestro mundo. Esta guerra no es física, ideológica ni cultural, sino espiritual. Y nuestros principales enemigos no son humanos. Timothy Gombis lo deja claro cuando resume: «El enemigo en la guerra de la iglesia no es el mundo ni las personas que están en el mundo, sino los poderes»[2].

¿En serio? ¿Los *poderes*? Esto suena loco para quienes estamos entrenadas por nuestra cultura para imaginar al diablo como una figura de dibujos animados con un traje rojo, horqueta y cuernos. ¿Qué clase de enemigo es ese? ¡Ciertamente no es un enemigo a quien temer! En un mundo lleno de numerosos problemas visibles, tenemos cosas más grandes por las cuales preocuparnos que una guerra invisible con este personaje. Y la Biblia corrige nuestras concepciones erróneas de los poderes de las tinieblas.

Dios tiene un enemigo muy real y peligroso, a quien temporalmente se le permitió tener un gran dominio sobre nuestro mundo oscurecido (1 Juan 5:19). Este enemigo odia al Hijo de Dios, desprecia a la iglesia y quiere sabotear la misión de Dios en el mundo. Es inteligente y astuto, conocido como «el padre de la mentira» (Génesis 3:1; Juan 8:44). Aunque está lleno de crueldad y orgullo, se disfraza de un hermoso ángel de luz (2 Corintios 11:14-15). Sabe que la cruz y la resurrección de Cristo sellaron su derrota final (Colosenses 2:15; Apocalipsis 20:10), y esto lo enfurece. Por lo tanto, merodea como un león rugiente, buscando personas a quienes devorar con duda, desaliento y desesperación (1 Pedro 5:8). Aunque Satanás a fin de cuentas no puede destruir a quienes estamos en Cristo (Juan 10:27-29), nada le gustaría más que hacer miserables a los santos. Su objetivo es hacernos ineficaces para el reino de Dios.

Pablo dedicó los primeros cinco capítulos de Efesios a exponer los propósitos de Dios a través de la iglesia. Ahora insta a los creyentes a despertar y ser sabios ante el enemigo que quiere frustrar esos propósitos. Efesios 6 es el clímax de toda la carta y un llamado a la lucha para «poder mantenerse firmes contra todas las estrategias del diablo» (Efesios 6:11). Ser una mujer cristiana significa participar activamente en la guerra espiritual. Lamentablemente, nuestra humanidad caída y frágil nos pone en desigualdad de condiciones respecto a nuestro oponente sobrenatural.

Desiguales en la batalla: Pecadoras que sufren

Vivo con cuatro muchachos, lo que significa que hay *muchos* juegos bruscos y luchas entre las paredes de mi casa. Mis dos hijos del medio, John Wicks y Nate, son atléticos, pero en este momento de la vida son oponentes desiguales de lucha libre porque John Wicks es significativamente más grande que Nate. A pesar de la fuerza y el atletismo de Nate, lleva las de perder cuando se enfrenta a su hermano mayor. A menos, por supuesto, que Nate luche con la ayuda de su padre, quien es mucho más grande y fuerte. Si Nate puede convencer a papá de luchar en su equipo, John Wicks no tiene ninguna posibilidad.

De manera similar, luchamos con un enemigo sobrenatural que es mucho más poderoso que nosotras. Sí, *en Cristo* somos santas y soldados, pero también somos pecadoras que sufren y viven en un mundo caído. Esto significa que la vida es dura... muy dura. Satanás está consciente de las pruebas específicas y los patrones de pecado que nos atormentan a cada una de nosotras, y juega con nuestras debilidades con gran habilidad. Si bien los detalles son diferentes en la vida de cada persona, la estrategia general del enemigo es la misma: a través de tentaciones y acusaciones, Satanás intenta torcer nuestra visión de Dios y de nosotras mismas. En la tentación, Satanás *infla* nuestra visión de nosotras mismas susurrando mentiras tales como: *Solo tú sabes lo que es correcto y bueno para ti. ¡Escucha a tu propio corazón! Confía en tus sentimientos y haz lo que quieras.* Acaricia nuestro orgullo, dirigiendo nuestra mirada hacia los placeres del mundo y tentándonos a desobedecer a nuestro Creador. En la acusación, Satanás *desinfla* nuestra visión de nosotras mismas susurrando diferentes mentiras: *¡Esta vez en realidad lo arruinaste todo! Dios no puede perdonarte por haber caído en el mismo pecado de nuevo. Es mejor que te rindas.* Estas acusaciones nos empujan a odiarnos a nosotras mismas, una forma inversa del orgullo que nos lleva a enfocarnos en nosotras mismas en exceso, minimizando el sacrificio de Cristo[3].

En mi propia vida, Satanás me tienta a menudo a desconfiar de Dios respecto a la provisión financiera. Debido a que tanto Adam como yo estamos en el ministerio vocacional, nunca tuvimos dinero en abundancia. Aunque Dios siempre ha sido *muy* fiel en lo que respecta a proveer lo que nosotros y nuestros cuatro hijos necesitamos (y mucho más), suelo preocuparme por las finanzas. En su Palabra, Dios me pide expresamente que no me preocupe, sino que busque primero su reino, confiando en que él suplirá para mis necesidades (Mateo 6:31-33). Así que a Satanás le encanta tentarme para que dude de Dios. Me susurra: *¡Vaya, cada vez cuesta más criar a estos chicos! ¿Cómo vas a pagar por tal o cual cosa a medida que crecen? ¿Cómo vas a seguir haciendo lo que te sientes llamada a hacer si no tienes suficiente dinero? Parece que Dios no va a ayudarte esta vez. Deberías haber elegido una profesión diferente, ¡entonces no tendrías que depender tanto de Dios!* Me avergüenza decir que he pasado muchas noches preocupándome sin cesar en lugar de confiar en mi Dios generoso y fiel.

Luego, en las temporadas en las que me enfrento a los bajones de la depresión, a Satanás le encanta lanzarme dardos encendidos de acusación. Su voz sisea: *De nuevo lo mismo, debilucha irracional. ¡Estás actuando como una desquiciada! Si en realidad fueras cristiana, no te sentirías tan desamparada. ¿Dónde está tu gozo y paz semejantes a los de Cristo? ¡Farsante! ¿Qué pensaría la gente de la iglesia si te vieran llorar así? Eres un desastre. Eres una carga para tu familia...*

El enemigo hará todo lo posible para que dudemos de Dios y creamos mentiras sobre nuestra identidad. Hará lo que sea necesario para evitar que descansemos en el evangelio y para evitar que lo compartamos con los demás. Si el enemigo puede mantenernos obsesionadas con nosotras mismas, revolcándonos en el lodo del autodesprecio y la autocompasión, puede desalentarnos y distraernos de la misión de cambiar el mundo que nos fue encomendada. Con nuestras propias fuerzas, no somos rivales para Satanás. Somos demasiado débiles, y él es demasiado astuto. Esto sería motivo de desesperación si no estuviéramos unidas a aquel que es infinitamente más fuerte que nuestro adversario (1 Juan 4:4). La gloriosa verdad es que estamos *en Cristo*: unidas por la fe al Hijo de Dios sin pecado, quien triunfó sobre el mal a través de la debilidad. Así que, ¡no te desesperes! A través de Cristo y sus recursos, podemos mantenernos firmes ante las maquinaciones del diablo. Satanás quiere usar nuestras debilidades y pecados para evitar que perseveremos hasta el final, pero Dios quiere usarlos para transformarnos en personas humildes y justas; personas que cambian el mundo mientras nos aferramos a Cristo con fe. En una paradoja extraordinaria, el poder de Dios funciona mejor en nuestra debilidad (2 Corintios 12:9), razón por la cual Pablo ordena a todos los santos, soldados y pecadores que sufren que sean «fuertes en el Señor y en su gran poder» (Efesios 6:10).

El Guerrero divino

Cuando pienso en historias de guerra que son famosas, de inmediato me viene a la mente la batalla entre David y Goliat. Según cuenta la historia, el pueblo escogido de Dios, Israel, se estaba enfrentado a los filisteos, pero la guerra había llegado a un punto muerto. Goliat de Gat, literalmente un gigante, sale al campo de batalla con el pecho inflado de orgullo y una impresionante armadura para luchar contra cualquier campeón que Israel presente en su nombre. Saúl, rey de Israel, y todo su ejército tiemblan de terror. Ninguno de ellos tiene el valor suficiente como para enfrentarse a Goliat hasta que David, el pastorcillo de Belén, valientemente se ofrece para luchar contra el gigante con solo una honda y cinco piedras lisas. En un sorprendente giro de los acontecimientos, David derriba a Goliat con una pedrada en la frente y, luego, procede a usar la propia espada del gigante para cortarle la cabeza. A través de David, Israel salió victorioso.

Cuando se cuenta esta historia, por lo general se anima a los oyentes a pensar en sí mismos como David y a emular su valentía: *¡Sé valiente como David y lucha contra tus gigantes!* Pero la realidad es que somos más como Israel: paralizadas por el miedo y la debilidad, necesitadas de que alguien luche en nuestro nombre. Las propias palabras de David en el relato bíblico revelan que Dios es el verdadero héroe de la historia. El pastorcillo es solo un representante que lucha con la fuerza del Guerrero divino. Le dice a Goliat:

> Hoy el Señor te conquistará, y yo te mataré y te cortaré la cabeza [...] ¡y todo el mundo sabrá que hay un Dios en Israel! Todos los que están aquí reunidos sabrán que el Señor rescata a su pueblo, pero no con espada ni con lanza. ¡Esta es la batalla del Señor, y los entregará a ustedes en nuestras manos!
>
> 1 SAMUEL 17:46-47

La historia de David y Goliat es uno de los numerosos relatos del Antiguo Testamento en los que Dios lucha por Israel. Dios no solo lucha en sus batallas físicas, sino que también lo hace en sus mayores batallas espirituales. En Isaías 59, el profeta describe a Dios como un Guerrero divino que interviene para salvar a su pueblo de su pecado cuando nadie más puede:

> Estaba asombrado al ver que nadie intervenía para ayudar a los oprimidos. Así que se interpuso él mismo para salvarlos con su brazo fuerte, sostenido por su propia justicia. Se puso la justicia como coraza y se colocó en la cabeza el casco de salvación. Se vistió con una túnica de venganza y se envolvió en un manto de pasión divina.
>
> ISAÍAS 59:16-17

¡Qué cuadro tan increíble de Dios y, aún más, de su Cristo! Jesús es el Guerrero divino y humano que intercedió por nosotros aplastando la cabeza de la serpiente a través de su muerte y resurrección.

Cuando Pablo les dice a los santos: «Sean fuertes en el Señor» y «Pónganse toda la armadura de Dios» (Efesios 6:10-11), parece estar escribiendo con una mente inmersa en la representación que Isaías hace de Dios como el Guerrero divino. La exhortación de Pablo: «Pónganse todas las piezas de la armadura de Dios para poder resistir al enemigo en el tiempo del mal» (Efesios 6:13) es un llamado a la iglesia para que siga a Cristo y siga luchando contra los poderes de las tinieblas con *su* poder.

¿Cómo es esta lucha en nuestra vida cotidiana? Ciertamente no es ni emitir palabras violentas ni agredir a quienes no están de acuerdo con nosotras. No luchamos contra el enemigo con sus propias armas de mentiras, odio e ira. Más bien, luchamos con humildad, arrepentimiento del pecado, obediencia a Dios y fidelidad en forma de cruz de una vida que está siendo transformada de manera progresiva. Libramos la guerra tal como lo hizo Cristo: a través de la muerte y la resurrección. A medida que morimos a diario a los pecados que nos acosan y permanecen, y somos elevadas por el Espíritu a nuevas formas de vivir, proclamamos la victoria de Cristo sobre las tinieblas. Nuestra lucha se parece menos a la militancia y más a vestirnos con la armadura que Cristo usó primero por nosotras: la armadura del carácter virtuoso de Dios[4].

Ponte el uniforme: ¡Nada de vestidos de verano y tacones!

Siempre me gustaron la ropa fina, los zapatos elegantes y cualquier oportunidad para vestirme con elegancia. Cuando era niña, a menudo, jugaba con los vestidos de mi madre. Una vez incluso le pregunté a una desconocida en un restaurante si podía usar los zapatos rojos que tenía puestos. Durante la secundaria y en la universidad, disfruté mucho eligiendo vestidos formales para usar en bailes de graduación y eventos, y durante el seminario trabajé en una tienda de ropa femenina de lujo donde pude comprar ropa fina a un precio muy barato. Hoy, no tengo tantas oportunidades de usar vestidos de verano y tacones. Soy una mamá ocupada, en constante movimiento. Para hacer los mandados, mantener la casa en orden y cuidar a los niños, las camisetas y ropa deportiva son las opciones más prácticas para vestir.

Como mujeres, sabemos qué atuendo es apropiado según el lugar a donde vamos y lo que tenemos que hacer cada día. Así como no usaríamos una bata de baño y pantuflas para ir a un evento formal, no usaríamos un vestido bonito y tacones altos para salir a correr. Cuando se trata de vestirnos *espiritualmente*, sin embargo, carecemos de discernimiento sobre qué ponernos. En Efesios 6, Pablo deja claro que, debido a que somos soldados, necesitamos «vestir» intencionadamente nuestra mente y nuestro corazón para la batalla. Metafóricamente hablando, un lindo vestido de verano y sandalias no serán suficientes para resistir los ataques de Satanás. Necesitamos una cobertura pesada y protectora para perseverar en la vida cristiana y cumplir los propósitos de Dios en el mundo. Necesitamos la armadura de Dios.

En Efesios 6:14-17, Pablo lista seis piezas de la armadura espiritual. Esta armadura representa el carácter de Dios, exhibido perfectamente en la humanidad y la obra salvadora de Jesús. Por decirlo de otra manera, la armadura de Dios es el evangelio. A través de nuestra unión con Cristo por fe, el carácter de Dios ya es nuestro, pero debemos vestirnos con él y luchar a diario. Nos ponemos la armadura cuando vivimos según nuestra identidad en Cristo. Esto es lo que significa «Más bien, vístanse con la presencia del Señor Jesucristo. Y no se permitan pensar en formas de complacer los malos deseos» (Romanos 13:14). Cuando escuchamos el término «guerra espiritual», somos propensas a pensar en algo extraño y misterioso, pero participar en una guerra espiritual no es más que aferrarnos a nuestras convicciones acerca del evangelio a través de todos los altibajos de la vida[5]. ¿Cuáles son esas convicciones acerca del evangelio que debemos tener para estar firmes contra el enemigo? Las encontramos en las seis piezas de la armadura espiritual.

El cinturón de la verdad

> *Defiendan su posición, poniéndose el cinturón de la verdad.*
>
> EFESIOS 6:14

En nuestro pecado, cambiamos «la verdad acerca de Dios por una mentira» (Romanos 1:25) y nuestra manera de vivir «está corrompida por la sensualidad y el engaño» (Efesios 4:22). Incluso cuando amábamos el engaño, sin embargo, Jesús, el Guerrero de Dios, vino a salvarnos con la verdad como su cinturón de apoyo. Jesús se llamaba a sí mismo «el camino, la verdad y la vida» (Juan 14:6). Solo en él descubrimos y nos convertimos en lo que verdaderamente debemos ser. La verdad del evangelio es el cinturón que sostiene el núcleo de nuestra identidad y mantiene unidas todas las demás piezas de la armadura. Libramos la guerra contra el enemigo renovando a diario nuestra mente con las Escrituras, llevando cautivos nuestros pensamientos (2 Corintios 10:5) y respondiendo a las tentaciones y acusaciones engañosas de Satanás con la verdad del evangelio. En mi caso, me abrocho el cinturón de la verdad, recordándome a mí misma que si Dios proveyó para mi mayor necesidad (la salvación del pecado), *puede* y *ciertamente* será fiel en satisfacer mis necesidades físicas y financieras (Romanos 8:32). Cuando caigo en el pecado de la preocupación y la falta de fe, debo renovar mi mente en la verdad de que estoy perdonada por completo en Cristo y que solo necesito arrepentirme y fijar mis ojos en él.

La coraza de la justicia de Dios

> *Defiendan su posición, poniéndose [...] la coraza de la justicia de Dios.*
> EFESIOS 6:14

Por causa de nuestro pecado, no teníamos justicia propia (Romanos 3:10-12). Incluso nuestras «buenas» obras eran como trapos sucios para Dios (Isaías 64:6, DHH) porque provenían de un corazón injusto en lugar de la fe (Romanos 14:23). Pero Jesús, el Guerrero divino, se vistió de su justicia como una coraza para salvarnos (Isaías 59:17). En un gran intercambio, el justo Hijo de Dios tomó nuestro pecado sobre sí mismo para que pudiéramos recibir su justicia (2 Corintios 5:21). Luchamos contra Satanás al recordar que estamos situadas solo en la justicia de Cristo. Su Espíritu que mora en nosotras empodera nuestras obras justas como resultado.

El evangelio de la paz

> *Y calzados los pies con el apresto del evangelio de la paz.*
> EFESIOS 6:15, RVR60

Nuestro pecado nos alejó de Dios y nos hizo sus enemigas (Efesios 2:12). Al no tener paz con él, tampoco teníamos paz interior. Pero cuando Jesús vino a la tierra, los ángeles anunciaron que venía a traer paz y buena voluntad para con los hombres (Lucas 2:14). Jesús se convirtió en nuestra paz (Efesios 2:14), reconciliando a quienes creen con Dios y entre sí. Un día traerá la paz mundial total al sofocar la rebelión de todos los enemigos de Dios. Cuando nuestros pies corren para proclamar la Buena Noticia de la salvación, compartiendo el evangelio con una vecina mientras tomamos un café, con una desconocida en un avión o con nuestros hijos mientras comemos, estamos librando una guerra contra los poderes del mal.

El escudo de la fe

> *Además de todo eso, levanten el escudo de la fe para detener las flechas encendidas del diablo.*
>
> EFESIOS 6:16

Sin Cristo, no teníamos nada que nos protegiera de la justa ira que nuestros pecados merecen. Pero Dios nos proveyó un escudo en su Hijo (Salmo 5:11-12). Tomamos este escudo *por* fe al confiar solo en Jesús para la protección eterna. Libramos una guerra contra las flechas encendidas de Satanás cuando caminamos por fe a través de las tentaciones y pruebas, aferrándonos a las promesas de Dios. Continuamente nos recordamos a nosotras mismas todas las bendiciones espirituales que son nuestras en Cristo (Efesios 1:3): somos elegidas, amadas, perdonadas y estamos a salvo. Nada puede quitarnos eso.

El yelmo de la salvación

> *Y tomad el yelmo de la salvación.*
>
> EFESIOS 6:17, RVR60

Sin Cristo, estábamos espiritualmente muertas (Efesios 2:1) y separadas de Dios (Isaías 59:2). Nadie más podía rescatarnos de esta difícil situación, así que Dios mismo se puso el casco de la salvación y vino a rescatarnos (Isaías 59:17). Luchamos contra el enemigo descansando solo en Cristo para la salvación, recordando que su obra es eficaz para el pasado, el presente y el futuro. Fuimos justificadas (salvadas del castigo merecido por el pecado), estamos siendo santificadas (salvadas del poder del pecado) y seremos glorificadas (salvadas de la presencia del pecado). Por lo tanto, cuando Satanás nos susurra *no eres lo suficientemente buena*, podemos responder: «¡No lo soy, pero Jesús sí lo es!».

La espada del Espíritu

> *Y tomen la espada del Espíritu, la cual es la palabra de Dios.*
> EFESIOS 6:17

Sin Cristo, no teníamos ningún deseo ni poder para luchar contra el enemigo ni contra nuestro pecado. Pero cuando el mensaje del evangelio llegó a nosotras, vino con poder a través del Espíritu Santo (1 Tesalonicenses 1:5). La Palabra de Dios tiene poder para convencernos de pecado porque es viva, activa y más cortante que una espada de dos filos (Hebreos 4:12). Nunca regresa vacía, sino que siempre cumple el propósito para el cual fue enviada (Isaías 55:11). Jesús mismo es la Palabra viva de Dios (Juan 1:1), y usó la Palabra escrita para resistir las tentaciones de Satanás en el desierto (Mateo 4:1-11). Luchamos contra el enemigo siguiendo el ejemplo de Jesús. *Las mujeres de guerra son mujeres de la Palabra*: mujeres que llenan su mente con las Escrituras a diario y usan con sabiduría sus verdades para combatir al maligno. Esta es una guerra dinámica que nos cambia no solo a nosotras, sino también al mundo mientras el reino de Dios viene a la tierra.

En resumen

Estaba saliendo de un estacionamiento cuando una calcomanía en el parachoques de un auto llamó mi atención. Decía: «Las mujeres que se portan bien casi nunca hacen historia». Busqué la cita en Google y descubrí que era un eslogan popular para tazas y calcomanías, presuntamente debido a su mensaje implícito: para dejar su huella en el mundo, las mujeres deben rebelarse contra las convenciones. La primera versión de la cita se atribuye a la historiadora Laurel Thatcher Ulrich, quien en realidad escribió: «Las mujeres que se portan bien rara vez hacen historia». Cuando se lee en contexto, está claro que

Ulrich no estaba insinuando que las mujeres deberían comportarse mal para ser recordadas. Más bien, lamentaba el hecho de que tantas mujeres virtuosas sigan siendo desconocidas a pesar de las contribuciones necesarias y valiosas que hicieron a la sociedad[6]. El que una mujer no sea *conocida* por el mundo, sin embargo, no significa que no lo esté *cambiando*.

Como mujeres cristianas, no cambiamos el mundo rebelándonos contra la moralidad convencional ni luchando con nuestras propias fuerzas por hacer cosas impresionantes para Dios. De una manera que parece totalmente contraria a la lógica, dejamos una marca que resuena en la eternidad perseverando fiel y humildemente en la vida cristiana común hasta el final. Cambiamos el mundo convirtiéndonos en mujeres moldeadas por el evangelio de principio a fin. Esto significa aceptar a diario una postura de debilidad, admitir nuestra necesidad y desesperación y descansar en la Buena Noticia del evangelio por fe. También significa encontrar nuestra verdadera identidad y valor en estar unidas a Jesús y recibir todos los beneficios espirituales que son nuestros en él. Significa conocer y depender del Espíritu Santo como nuestra fuente de poder para vivir piadosamente y encontrar nuestra verdadera pertenencia en la familia de Dios: la iglesia. Significa dejar que nuestra nueva identidad transforme la forma en que pensamos y vivimos en todas las áreas: en nuestro trabajo, en nuestras amistades, en cómo usamos nuestro cuerpo, en nuestro matrimonio o soltería, en nuestras batallas continuas contra Satanás, el pecado y el sufrimiento.

El objetivo de una mujer cristiana no es ser recordada, sino servir fielmente a un Salvador que nunca será olvidado. Puede que nuestros nombres no estén escritos en los libros de historia, pero cuando nuestra identidad está arraigada en el héroe de la historia, nos convertimos en parte de su legado mundial y eterno que nadie podrá boicotear. A medida que descansamos en Cristo y aprendemos a vivir toda la vida para él, él nos transforma de maneras que no solo subvierten los poderes de las tinieblas, sino que también construyen un reino inconmovible (Hebreos 12:28). Cristo está reconciliando al mundo consigo mismo y haciendo nuevas todas las cosas, así que, hermanas, ¡fortalézcanse en el Señor y en el poder de su fuerza! Esta es la feminidad moldeada por el evangelio, ¿y esto...? Bueno, esto lo cambia todo; todo para alabanza de su gloriosa gracia.

Preguntas para la reflexión y el debate

1. Al considerar tu vida, ¿cómo quieres vivirla para dejar una huella y marcar una diferencia en el mundo? ¿Tiendes a dar por sentado que cambiar el mundo es el trabajo de las influenciadoras conocidas y de las «supercristianas»?

2. ¿Qué significa que las creyentes somos, a la vez, santas y soldados? Cuando consideras tu identidad en Cristo, ¿te consideras santa? ¿Soldado? ¿Por qué sí o por qué no?

3. Lee Efesios 6:10-13. Los cristianos podemos no estar conscientes de Satanás o centrarnos demasiado en él. ¿De qué manera nos ayuda este pasaje a lograr un equilibrio adecuado al pensar en los poderes sobrenaturales? ¿En qué aspectos necesitas despertar a la guerra invisible?

4. La Biblia llama a Satanás «el padre de las mentiras». Describe cómo usa los pecados a los cuales eres más propensa a través de tentaciones y acusaciones específicas.

5. Lee Efesios 6:14-17. Escoge una de las seis piezas de la armadura que Pablo lista, y describe cómo refleja el carácter de Dios y del evangelio. ¿Qué pieza de la armadura te hace sentir más segura?

6. Explica por qué librar la guerra contra el enemigo es similar a vestirse espiritualmente. En términos prácticos, ¿cómo nos ponemos la armadura y luchamos? Escoge una pieza de la armadura y describe qué significa para ti ponértela y batallar.

7. Ser una mujer moldeada por el evangelio es renovar a diario nuestra mente en nuestra identidad cristiana y, luego, permitir que esa identidad impulse todo lo que hacemos en la vida. ¿Qué capítulo de la primera parte de este libro fue más útil para darte una mejor comprensión de quién eres *en Cristo*? Comenta o anota de qué manera esta comprensión está cambiando la forma en que vives en un área de la vida, tal vez eligiendo un tema de la segunda parte.

Agradecimientos

Puedes hacer todos los planes que quieras,
pero el propósito del Señor prevalecerá.
PROVERBIOS 19:21

ESCRIBIR Y PUBLICAR UN LIBRO es un esfuerzo que requiere humildad. Es algo que siempre soñé hacer, pero pensé que de seguro nunca haría. Pero el Señor tenía otros planes. ¡Qué viaje de edificación para la fe fue verlo orquestar soberanamente todos los detalles de este proyecto! Utilizó un grupo de personas, lugares y circunstancias en mi vida en el momento justo para hacer realidad este libro, y le estoy eternamente agradecida.

Para empezar, no hubiera tenido el conocimiento teológico ni el fuerte deseo de escribir este libro sin haber pasado por el Southern Baptist Theological Seminary (Seminario Teológico Bautista del Sur). Mi amor por el evangelio (y mi comprensión de que es una buena noticia, no solo para la eternidad, sino también para la vida hoy) en realidad se desarrolló durante mis años en el seminario. Estoy muy agradecida por el liderazgo del Dr. Albert Mohler y por los muchos profesores que dieron forma a mi pensamiento a través de sus enseñanzas.

A todos los amigos y conocidos que leyeron mi blog (y microblog en las redes sociales) durante la última década y me animaron a seguir usando mis dones para la gloria de Dios, ¡gracias! Sin ustedes, no existiría *La feminidad moldeada por el evangelio.*

Estoy agradecida por Nancy Guthrie, con quien providencialmente me conecté en Instagram, nada menos. Nancy defendió mi obra y me presentó a Jonathan Carswell, director ejecutivo de 10ofThose. Estoy agradecida por Jonathan y el equipo de 10Publishing, quienes se arriesgaron con una autora inexperta y publicaron el libro *Tracing Glory* (Siguiendo el rastro a la gloria) en el 2021. También estoy agradecida a Brad Byrd, quien me animó en repetidas ocasiones a enviar más ideas y a escribir un segundo libro. Su impulso me impulsó en este proyecto. Muchas gracias a mi editora, Sheri Newton, quien me ofreció un gran equilibrio entre estímulo y crítica productiva. Es un placer trabajar contigo, e hiciste que este libro fuera mejor. También estoy agradecida por Jonathan Pountney, Lois Ferguson y Beth Lees de 10Publishing, junto con el diseñador Jude May.

A John Sloan, a mi esposo Adam, a Chris Moncrief y a todo el equipo de ancianos de la iglesia bautista Capshaw, gracias por asegurarse de que mi mente y mi corazón estuvieran saturados de predicación, enseñanza y adoración centradas en el evangelio semana tras semana. Su fidelidad y habilidad para proclamar la Buena Noticia es un don que en realidad me moldeó... uno que valoro muchísimo.

A mis amigas Chrissy, Dahisy y Megan, ¡gracias por orar por mí, animarme y escucharme hablar sobre este proyecto durante dos años! Megan, gracias por usar tus habilidades de formateo y atención al detalle para ayudar a armar el manuscrito. Estoy agradecida por cada una de ustedes.

A mis padres y a mis suegros, no puedo agradecerles lo suficiente por invertir con tanta generosidad en la vida de sus nietos y darme más tiempo para escribir. Su amor y apoyo fueron cruciales para este proyecto. Los cuatro son, sin lugar a duda, los mejores.

Por último, a los cinco muchachos que más se sacrificaron para hacer realidad este libro, les estoy muy agradecida. Adam, me amaste fielmente en mis mejores y peores momentos. Gracias por estar tan entusiasmado con mis oportunidades de escribir, por haber cuidado solo a nuestros hijos durante varios días para darme tiempo para escribir sin distracciones y por no dejar que me rindiera cuando me sentía abrumada. En realidad no podría haberlo logrado sin ti. Luke, John Wicks, Nate y Cameron, fueron muy misericordiosos conmigo durante este año en el que estuve tan ocupada. Gracias por estar orgullosos de mis libros (tan orgullosos que están dispuestos a golpear puertas y venderlos a nuestros vecinos) y por ser siempre tan generosos con su amor y cariño. Es posible que nunca lean este libro, pero le ruego a Dios que, mientras yo procuro vivir lo que escribí, ustedes y su papá sean las cinco personas más influenciadas por él. Por la gracia de Dios, que los seis seamos moldeados por el evangelio. Los amo mucho.

Notas

CAPÍTULO 1

1. Los editores de Encyclopaedia Britannica, «Gospel: New Testament» [Evangelio: Nuevo Testamento] en Enciclopedia Británica, 15 de mayo del 2023, https://www.britannica.com/topic/Gospel-New-Testament.
2. John MacArthur, *The MacArthur New Testament Commentary: Ephesians* (Moody Publishers, 1986), 53. Publicado en español como *El Comentario MacArthur del Nuevo Testamento: Efesios.*
3. Glennon Doyle, *Untamed* (The Dial Press, 2020), 59. Publicado en español como *Indomable.*
4. Sam Allberry, *Is God Anti-Gay?: And Other Questions about Homosexuality, the Bible and Same-Sex Attraction* (The Good Book Company, 2015), 11–12. Publicado en español como *¿Está Dios en contra de los gays? Y otras preguntas sobre homosexualidad, la Biblia y atracción hacia personas del mismo sexo.*
5. Timothy Keller, *The Meaning of Marriage: Facing the Complexities of Commitment with the Wisdom of God* (Penguin Books, 2011), 44. Publicado en español como *El significado del matrimonio: Cómo enfrentar las dificultades del compromiso con la sabiduría de Dios.*

CAPÍTULO 2

1. Josh Haynam, *22 Examples of High Converting Quizzes Used for Facebook Marketing* [22 ejemplos de cuestionarios de alta taza de conversión utilizados para mercadotecnia por Facebook], accesado el 31 de mayo del 2023, https://www.tryinteract.com/blog/22-examples-of-high-converting-quizzes-usado-para-Marketing-Facebook.
2. Hannah Anderson, «Reflection: Made in God's Image» [Reflejo: Hecho a imagen de Dios] en *Identity Theft* [Robo de identidad], editado por Melissa Kruger (The Gospel Coalition, 2018), 19–20.

3. Rankin Wilbourne, *Union with Christ: The Way to Know and Enjoy God* [Unión con Cristo: La manera de conocer y disfrutar a Dios] (David C. Cook, 2016), 155.
4. Abigail Dodds, *(A) Typical Woman: Free, Whole and Called In Christ* (Crossway, 2019), 33. Publicado en español como *Mujer atípica: Libre, completa y llamada en Cristo.*
5. Matthew Henry, *Volume VI: Acts to Revelation* [Volumen VI: Desde Hechos hasta Apocalipsis], Matthew Henry's Commentary on the Whole Bible (Fleming H. Revell Company), 687. Publicado en español como *Comentario bíblico de Matthew Henry.*
6. James Montgomery Boice, *Ephesians, An Expositional Commentary* [Efesios: Un comentario expositivo] (Baker Books, 1997), 6.
7. Boice, *Ephesians*, 6.
8. Timothy G. Gombis, *The Drama of Ephesians: Participating in the Triumph of God* [El drama de Efesios: Participando en el triunfo de Dios] (InterVarsity Press, 2010), 68–69.
9. John Piper, «Children, Heirs and Fellow Sufferers» [Hijos, herederos, compañeros de sufrimiento], *Desiring God Blog*, 21 de abril del 2002, https://www.desiringgod.org/messages/children-heirs-and-fellow-sufferers.

CAPÍTULO 3

1. Rebecca McLaughlin, *The Secular Creed: Engaging Five Contemporary Claims* (The Gospel Coalition, 2021), 66. Publicado en español como *El credo secular: Respuestas a cinco argumentos contemporáneos.*
2. McLaughlin, *The Secular Creed*, 67.
3. McLaughlin, *The Secular Creed*, 69.
4. Rebekah Merkle, «Throw Like a Girl: Why Feminism Insults Real Women» [Lanzar como una niña: Por qué el feminismo insulta a las verdaderas mujeres], *Desiring God Blog*, 3 de marzo del 2017, https://www. desiringgod .org/articles/throw-like-a-girl.
5. James Montgomery Boice, *Ephesians, An Expositional Commentary* [Efesios: Un comentario expositivo] (Baker Books, 1997), 32.
6. Timothy G. Gombis, *The Drama of Ephesians: Participating in the Triumph of God* [El drama de Efesios: Participando en el triunfo de Dios] (InterVarsity Press, 2010), 68.
7. Boice, *Ephesians*, 37.

CAPÍTULO 4

1. «Need to Belong» [Necesidad de pertenecer], *Psycology*, 11 de enero del 2016, http://psicología.iresearchnet.com/social-psychology/interpersonal -relationships/need-to-belong.

2. Gregg R. Allison, *The Church: An Introduction* [La iglesia: Una introducción] (Crossway, 2021), 23.
3. Wayne Grudem, *Systematic Theology: An Introduction to Biblical Doctrine* (Zondervan Academic, 1994), 853. Publicado en español como *Teología sistemática: Introducción a la doctrina bíblica.*
4. Mark Dever, *The Church: The Gospel Made Visible* (B&H Publishing Group, 2012), 16. Publicado en español como *La iglesia: El evangelio visible.*
5. Megan Hill, *A Place to Belong: Learning to Love the Local Church* [Un lugar al cual pertenecer: Aprendiendo a amar la iglesia local] (Crossway, 2020), 104.
6. Millard J. Erickson, *Christian Theology* (Baker Academic, 1998), 1043. Publicado en español como *Teología sistemática.*
7. John Flavel, *All Things Made New: John Flavel For The Christian Life* [Todas las cosas hechas nuevas: John Flavel para la vida cristiana], editado por Lewis Allen (The Banner of Truth Trust, 2017), 254.

CAPÍTULO 5

1. J. D. Greear, «Gospel Above All» [El evangelio por encima de todo], *J. D. Greear Ministries*, 12 de marzo del 2018, https://jdgreear.com/gospel-above-all.
2. John MacArthur, *The MacArthur New Testament Commentary: Ephesians* (Editorial Moody, 1986), 119. Publicado en español como *El comentario MacArthur del Nuevo Testamento: Efesios.*
3. James Montgomery Boice, *Ephesians, An Expositional Commentary* [Efesios: Un comentario expositivo] (Baker Books, 1997), 122.
4. Francis Schaeffer, *True Spirituality: How to Live for Jesus Moment by Moment* (Tyndale House Publishers, 2001), 66. Publicado en español como *La verdadera espiritualidad: ¿Qué es realmente la vida cristiana, la verdadera espiritualidad?*
5. Kent Butterfield, «Putting Off and Putting On» [Despojarse y vestirse], *Table Talk Blog*, 3 de julio del 2019, https://tabletalkmagazine.com/posts/putting-off-and-putting-on-2019-06.
6. Boice, *Ephesians*, 166–167.
7. Douglas McKelvey, *Every Moment Holy* [Hacer cada momento santo], vol. 1 (Rabbit Room Press, 2017), 4.

CAPÍTULO 6

1. Timothy Keller, *Every Good Endeavor: Connecting Your Work to God's Work* (Penguin Books, 2014), 63. Publicado en español como *Toda buena obra: Conectando tu trabajo con el trabajo de Dios.*
2. Larry Huff, «How the Reformation Changed the Culture and Why It Still Matters» [Cómo la Reforma cambió la cultura y por qué sigue siendo importante hoy en día], *Yellowhammer*, 31 de octubre del 2017, https://yellowhammernews.com/reformation-changed-culture-still-matters-today/.

3. G. K. Chesterton, «The Emancipation of Domesticity» en *What's Wrong With the World*, EBook n.° 1717, última actualización: 9 de octubre del 2016, https://www.gutenberg.org/files/1717/1717-h/1717-h.htm#link2H_4_0021. Publicado en español como «La emancipación de la domesticidad» en *Lo que está mal en el mundo.*

CAPÍTULO 7

1. Jonathan Edwards, *The Miscellanies* [Las misceláneas], 1153–1360, The Works of Jonathan Edwards Series [Serie de las obras de Jonathan Edwards], vol. 23 (Yale University Press, 2004), 23–35, citado en «You Won't Make It Alone: Five Reasons You Need Good Friends» [No lo lograrás solo: Cinco razones por las que necesitas buenos amigos], *Desiring God Blog*, 24 de septiembre del 2018, https://www.desiringgod.org/articles/you-wont-make-it-alone.
2. Joseph H. Hellerman, *When the Church Was a Family: Recapturing Jesus's Vision for Authentic Christian Community* [Cuando la iglesia era una familia: Recuperando la visión de Jesús para una comunidad cristiana auténtica] (B&H Academic, 2009), 67, 79, 83.
3. Hellerman, *When the Church Was a Family*, 77, 83.
4. Timothy Keller, *The Freedom of Self-Forgetfulness: The Path to True Christian Joy* (10Publishing, 2012), 32. Publicado en español como *La libertad de olvidarse de uno mismo: El camino al verdadero gozo cristiano.*

CAPÍTULO 8

1. Nancy R. Pearcey, *Love Thy Body: Answering Hard Questions About Life and Sexuality* (Baker Books, 2018), 35. Publicado en español como *Ama tu cuerpo: Respuesta a preguntas difíciles sobre la vida y la sexualidad.*
2. Pearcey, *Love Thy Body*, 137.
3. C. S. Lewis, *Mere Christianity* (Harper Collins, 2001), 98. Publicado en español como *Mero cristianismo.*
4. Nancy R. Pearcey, *Love Thy Body*, 35.
5. Sam Allberry, *What God Has to Say About Our Bodies: How the Gospel is Good News for Our Physical Selves* (Crossway, 2021), 98. Publicado en español como *Lo que Dios dice sobre nuestros cuerpos. Cómo el evangelio es buena noticia para nuestro ser físico.*
6. Seminario Teológico de Westminster, «Heidelberg Catechism» [El catecismo de Heidelberg], accesado el 1 de junio del 2023, https://students.wts.edu/recursos/creeds/heidelberg.html.
7. Allberry, *What God Has to Say*, 138.
8. Bible Hub, «Ellicott's Commentary for English Readers: Romans 12:1» [Comentario de Ellicott para lectores de habla inglesa: Romanos 12:1], accesado en marzo del 2023, https://biblehub.com/commentaries/ellicott/romans/12.htm.

CAPÍTULO 9

1. Timothy Keller, «The Bible and Same Sex Relationships: A Review Article» [La Biblia y las relaciones entre personas del mismo sexo: Un artículo de revisión], *Redemer Churches and Ministries*, 2015, https://www.redentor.com/Redentor-Informe/Artículo/the_bible_and_ same_sex_relationships_a_review_article.
2. «Child Sex Abuse & Trafficking» [Abuso Sexual y Tráfico Infantil], *Child USA: The Think Tank for Child Protection*, accesado en abril del 2023, https://childusa.org/ child-sex-abuse.
3. Nancy R. Pearcey, *Love Thy Body: Answering Hard Questions About Life and Sexuality* (Baker Books, 2018), 11. Publicado en español como *Ama tu cuerpo: Respuesta a preguntas difíciles sobre la vida y la sexualidad.*
4. Lisa O'Mary, «U. S. STD Cases Totaled 2.5 Million in Pandemic's Second Year» [Los casos de ETS en EE. UU. aumentaron a un total de 2,5 millones en el segundo año de la pandemia], *WebMD*, 16 de marzo del 2023, https://www.webmd.com/sexual-conditions/news/20230316/us-std-cases-pandemic-second-year.
5. Bethany Mandel, «New Study on "Rise" in Transgenderism Shows It's a Fad, Especially Among Young Girls» [Un nuevo estudio sobre el «aumento» del transgenerismo muestra que es una moda pasajera, en especial entre las chicas jóvenes], *New York Post*, 28 de junio del 2023, https://nypost.com/2023/06/28/new-study-on-rise-in- transgender-shows-its-a-fa-especially-among-young-girls/.
6. Margot Sanger-Katz, Claire Cain Miller y Quoctrung Bui, «Who Gets Abortions in America?» [¿Quién aborta en los Estados Unidos?], *The New York Times*, 14 de diciembre del 2021, https://www.nytimes.com/interactive/2021/12/14/upshot/who-gets-abortions-in-america.html.
7. Christine Hauser, «How the Ohio Train Derailment and Its Aftermath Unfolded» [Revelación de cómo se descarriló el tren de Ohio y sus secuelas], *The New York Times*, 31 de mayo del 2023, https://www.nytimes.com/article/ohio-train-derailment-timeline.html.
8. La enciclopedia libre Wikipedia, «Pretty Woman» [Mujer bonita], última modificación el 19 de mayo del 2023, https://es.wikipedia.org/wiki/Pretty_Woman.
9. Sam Allberry, *Why Does God Care Who I Sleep With?* (The Good Book Company, 2020), 136. Publicado en español como *¿Por qué le importa a Dios con quien me acuesto?*
10. Rebecca McLaughlin, *The Secular Creed: Engaging Five Contemporary Claims* (The Gospel Coalition, 2021), 35. Publicado en español como *El credo secular: Respuestas a cinco argumentos contemporáneos.*
11. Timothy Keller, *The Meaning of Marriage: Facing the Complexities of Commitment with the Wisdom of God* (Penguin Books, 2011), 255–256. Publicado en español como *El significado del matrimonio: Cómo enfrentar las dificultades del compromiso con la sabiduría de Dios.*

12. Joseph H. Hellerman, *When the Church Was a Family: Recapturing Jesus' Vision for Authentic Christian Community* [Cuando la iglesia era una familia: Recuperando la visión de Jesús para una comunidad cristiana auténtica] (B&H Academic, 2009), 35–38.
13. Juli Slattery, *Rethinking Sexuality: God's Design and Why It Matters* [Repensando la sexualidad: El diseño de Dios y por qué es importante] (Multnomah, 2018), 55–56.
14. Christopher West, *Theology of the Body for Beginners: A Basic Introduction to Pope John Paul II's Sexual Revolution* [Teología del cuerpo para principiantes: Una introducción básica a la revolución sexual del Papa Juan Pablo II] (Ascension, 2004), 30.
15. Sam Allberry, «How Both Singleness and Marriage Testify to the Gospel» [Cómo la soltería y el matrimonio dan testimonio del evangelio], *Crossway Blog*, 10 de marzo del 2019, https://www.crossway.org/articles/how-both-singleness-amd-marriage-testify-to-the-gospel.

CAPÍTULO 10

1. C. S. Lewis, *The Screwtape Letters* (Macmillan Publishing Co., 1961), 3. Publicado en español como *Cartas del diablo a su sobrino*.
2. Timothy G. Gombis, *The Drama of Ephesians: Participating in the Triumph of God* [El drama de Efesios: Participando en el triunfo de Dios] (InterVarsity Press, 2010), 159.
3. «Spiritual Warfare» [Guerra espiritual], *Gospel in Life podcast*, 3 de julio del 2012, https://podcast.gospelinlife.com/e/spiritual-warfare-1562113890.
4. Iain M. Duguid, *The Whole Armor of God: How Christ's Victory Strengthens Us for Spiritual Warfare* [Toda la armadura de Dios: Cómo la victoria de Cristo nos fortalece para la guerra espiritual] (Crossway, 2019), 17.
5. «John Piper, Tim Keller and Richard Coekin Talk About Ephesians» [John Piper, Tim Keller y Richard Coekin hablan acerca de Efesios], *The Good Book Company*, 7 de julio del 2015, *YouTube*,1:35, https://www.youtube.com/reloj?v=aCUf3daybzw.
6. Amy Lavoie, «Ulrich explains that well-behaved women should make history» [Ulrich explica que las mujeres que se portan bien deben hacer historia], *The Harvard Gazette*, 20 de septiembre del 2007, https://news.harvard.edu/gazette/story/2007/09/Ulrich-explains-that-well-behaved-women-should-make-history.